教師、保育者、カウンセラーにおくる一般意味論の招待状

ことばによる望ましいコミュニケーションの方法

福沢周亮
藪中征代

萌文書林
Houbunshorin

まえがき

情報化社会ということばが、わが国で遣われるようになったのは1960年代からとのことですが、今や、パーソナルコンピュータ、スマートフォン、携帯電話、電話、ファクシミリ、テレビ、ラジオ、新聞、雑誌、広告・宣伝のびら、さらには郵便、本と並べてみると、われわれは、まさに情報の海のなかにどっぷりとつかっているといっても過言ではないでしょう。

ところが、一方では、コミュニケーションがうまく進行していないために、つまり情報の伝達がうまく進行していないために、いろいろと問題のある事態が起きています。

組織のなかのパワーハラスメントは、その典型的な一つでしょうし、学校におけるいじめや学級崩壊、また家庭崩壊が取りあげられたときにも、当事者の間のコミュニケーションの不足が、よく話題になっています。

コミュニケーションとは、人と人との間で考えや気持ちなどを伝え合う働きと解しますと、右の当事者の間には、その働きがうまく機能しなかったと考えられます。では、こうした事態を避けて望ましい方向に事態を進行させるには、どのようにしたらよいのでしょうか。

こうした、問題のある事態が新聞などで取りあげられる場合、コミュニケーションの不足ということで報じられることが多く、そのため、そこでは、コミュニケーションを増やすことが、つまりことばをさらに加えることが、一つの望ましい対策としてよく述べられていることが多いでしょう。

たしかに、取りあげられている事態のなかでは、ことばを増やすことは望ましい方策の一つと考えられます。けれども、問題はことばを増やすことのみではなく、そこで遣われることばの吟味が大事だといえるでしょう。ことばを増やしたために、さらに状況を悪化させるということも考えられるのでして、問題の核心は、そこで遣われることばの内容にあると考えるのです。

したがって、そのことばの内容のあり方について、望ましい提言ができる考え方がほしいのですが、本書で取りあげる一般意味論は、有力な提言ができる一つといえます。

右で述べた、ことばの内容のあり方について積極的な提言が可能だからです。

教師、保育者、カウンセラーの方には、コミュニケーションの最大の手段としてことばを遣っていますので、一般意味論に〝入門〟していただき、基礎的な力として身につけていただくことを希望しています。

一般意味論の名称は、ポーランドの数学者であり論理学者であって、一般意味論の創始者であるコージブスキー（Korzybski, A.）の著書『科学と正気（Science and sanity）』の副題「非アリストテレス的体系と一般意味論への入門（An introduction tonon-Aristotelian systems and general semantics）」で、最初に用いられました。コージブスキーは、次のように定義しています。「一般意味論は、普通の意味での『哲学』や『心理学』や『論理学』ではない。それはわれわれの神経系のもっとも有効な使い方を説明し訓練する新しい外在的な学問である。」

その本が発行されたのは１９３３年です。つまり一般意味論がスタートしたのは１９３３年ですが、わが国の一般意味論は１９４９年に始まりました。すなわち、ハヤカワの『思考と行動における言語』（大久保忠利訳、岩波書店、１９４９年）の出版で、Language in thought and action. の訳書です。

この本は、原書で５版まで出版され、訳書でも４版まで出版されているのですが、この訳書が果たした役割が大きいことは、わが国の一般意味論の発展の上で特筆に値します。類書がなかったことが一つの大きな原因と考えられますが、こうした見方の新鮮さが読者を獲得したといえるでしょう。この本そのもののもつおもしろさが大きな力になっていることも否定できません。

わが国では、その後、何冊かの翻訳書や日本人による解説書が出版され、とくに「ことばの魔術」を中心にして、一般意味論は話題になりました。現在は、いくつかの領域（コミュニケーション、国語教育、カウンセリング）で、その有用性が認められています。

なお、左記の文献のなかで一部を本書に転載したものもあります。

井上尚美・福沢周亮・平栗隆之『一般意味論――言語と適応の理論』河野心理教育研究所出版部、１９７４年

井上尚美・福沢周亮『国語教育・カウンセリングと一般意味論』明治図書、１９９６年

福沢周亮『言葉と教育』（改訂版）放送大学教育振興会、１９９５年

最後に、旧著の転載を許可していただいた河野心理教育研究所、明治図書、放送大学教育振興会、教育出版に、また、本書の出版を快諾された萌文書林および編集の労をとられた赤荻泰輔氏に厚く御礼を申しあげます。

２０１７年３月

福沢周亮
藪中征代

ことばによる望ましいコミュニケーションの方法——教師、保育者、カウンセラーにおくる一般意味論の招待状 ● *Contents*

第11章 一般意味論とカウンセリング

第12章 一般意味論の考え方・定義・評価

第1章

抽象の段階

――ことばは同一平面にならんでいない――

第1節　抽象の段階とは

抽象の段階とは、どのようなことであろうか。まず、抽象とは、ものごとの共通部分を抽出して把握することである。ことばには、ジョン、ポチのように具体的な個物を表す単語もあるし、犬、机のように一般的な一つの類を表す語もあり、さらに平和、正義のように形のない抽象的な観念を表すものもある。すなわち、ことばは、いろいろなレベルの抽象を表せるほどに多様である。

抽象の段階についてハヤカワ(1)は、コージブスキーの「構造の微分」という考え方をさらにわかりやすく図案化し、実際にことばを使って説明しているのが「抽象のはしご」である（図1-1）。ハヤカワは、「抽象のはし

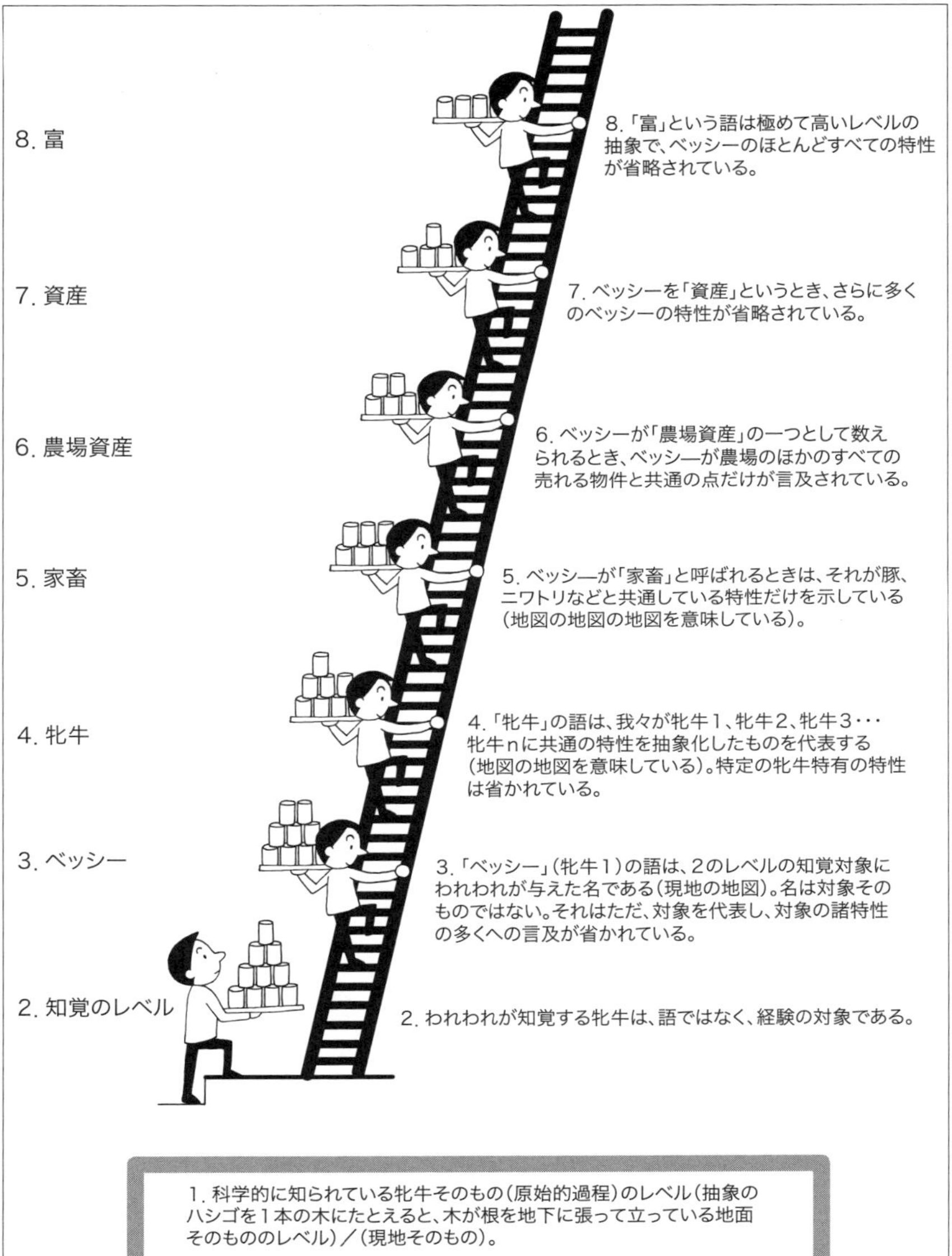
8. 富
8.「富」という語は極めて高いレベルの抽象で、ベッシーのほとんどすべての特性が省略されている。
7. 資産
7. ベッシーを「資産」というとき、さらに多くのベッシーの特性が省略されている。
6. 農場資産
6. ベッシーが「農場資産」の一つとして数えられるとき、ベッシ―が農場のほかのすべての売れる物件と共通の点だけが言及されている。
5. 家畜
5. ベッシ―が「家畜」と呼ばれるときは、それが豚、ニワトリなどと共通している特性だけを示している（地図の地図の地図を意味している）。
4. 牝牛
4.「牝牛」の語は、我々が牝牛1、牝牛2、牝牛3・・・牝牛nに共通の特性を抽象化したものを代表する（地図の地図を意味している）。特定の牝牛特有の特性は省かれている。
3. ベッシー
3.「ベッシー」（牝牛1）の語は、2のレベルの知覚対象にわれわれが与えた名である（現地の地図）。名は対象そのものではない。それはただ、対象を代表し、対象の諸特性の多くへの言及が省かれている。
2. 知覚のレベル
2. われわれが知覚する牝牛は、語ではなく、経験の対象である。
1. 科学的に知られている牝牛そのもの（原始的過程）のレベル（抽象のハシゴを1本の木にたとえると、木が根を地下に張って立っている地面そのもののレベル）／（現地そのもの）。

図1－1　抽象のはしご

ご」について、「抽象のはしごは、語と『対象』とことがらとの間の関係を視覚的に説明しており、抽象の過程を理解し常に意識する助けになるように意図したものである」と説明している。

レベル1は、過程のレベルで現代の科学だけが入りこめる世界である。レベル2は、対象の世界でここに1頭の動物が登場する。レベル3の言語的レベルにおいてこの動物は、「ベッシー」という名前がつけられる。レベル4において推論が加わり、「ベッシー」「キャッシー」「スージー」などと共に「牝牛」という類にまとめられる。このように「ベッシー」を起点として、階段は下から上に向かってあがっている。しかし、次のレベル5では、「家畜」という一般化されたカテゴリーになっている。これは、家で飼育されている馬やにわとりとの類似性は言及されているものの、牝牛としての個別性は影が薄くなる。そして、レベル6の「農場資産」、レベル7の「資産」、これらとからめたレベル8の「富」というさらに包括的なカテゴリーに階段をあがっていくと、現実の存在としてのベッシーから遠く隔たり、個物としてのベッシーの特徴は消え失せてしまう。

すなわち、図1－1の「抽象のはしご」では、「ベッシー」を対象にして、はしごの上方ほどその諸特性が少なくなり、抽象の過程が可視化されている。したがって、下位概念から上位概念にはしごをあがっていくと、抽象度が増していくのである。

このような「抽象の過程」を理解することは、抽象と具象の関係をとらえることの基礎となるといえよう。

第2節

教材「広い言葉・せまい言葉」

ここでは「抽象のはしご」の活用方法について考えてみる。まず、第1節の図に示した問題を取りあげる。

●抽象のはしご問題

次の一組のことばを抽象度の低いものから高いものへと順に並び替えてみてほしい（正答は注（2）参照）。

① 魚、フナ、淡水魚、生物

② 犬、哺乳類、土佐犬、動物

図1－1の問題を通して、ことばには、具体的な個物を表す語もあるし、一般的な一つの「類」を表す語もあり、さらに形のない抽象的な概念を表すものもあるということが理解されよう。

次に、「広い言葉・せまい言葉」（『ひろがる言葉　小学国語3下』教育出版）[3]を使って「抽象のはしご」について考えてみる。ここでは、論理学でいう類種関係を扱っている。語彙の体系を考える上でも、類種関係を知ることは大切である。

ここでは、用語について理解しておく。「具体的」とは、特定の物・事象を明確に特定できる表現である。たとえば、「マツダRX－8」というと全員が同じ車を思い浮かべる。これが具体的ということである。また、「毎

広い言葉、せまい言葉

福沢《ふくざわ》　周亮《しゅうすけ》

ここに、三枚《まい》の写真がならんでいます。
右の写真はシオカラトンボ、まん中はハグロトンボ、左はオニヤンマです。

この三つは、体の長さもちがうし、形もみんなちがいます。しかし、この三つは、どれもトンボの仲間《なかま》です。ですから、この三つをまとめて、トンボということができます。

下の絵を見ると、シオカラトンボ・ハグロトンボ・オニヤンマは小さな箱《はこ》、トンボは大きな箱になっています。大きな箱は、中が広いので、小さな箱がみんな入ってしまいます。ほかに、ギンヤンマ・アオイトトンボなども入れることができるわけです。つまり、「トンボ」という言葉は、シオカラトンボ・ハグロトンボ・オニ

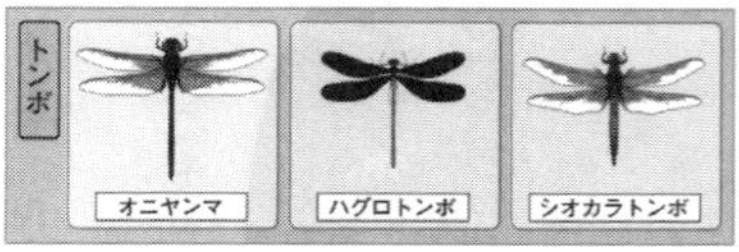

※「広い言葉、せまい言葉」(『ひろがる言葉　小学国語３下』教育出版）より

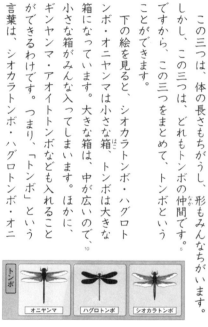

ヤンマ・……より、「広い意味をもった言葉」ということになります。図に表せば、下のようになるでしょう。

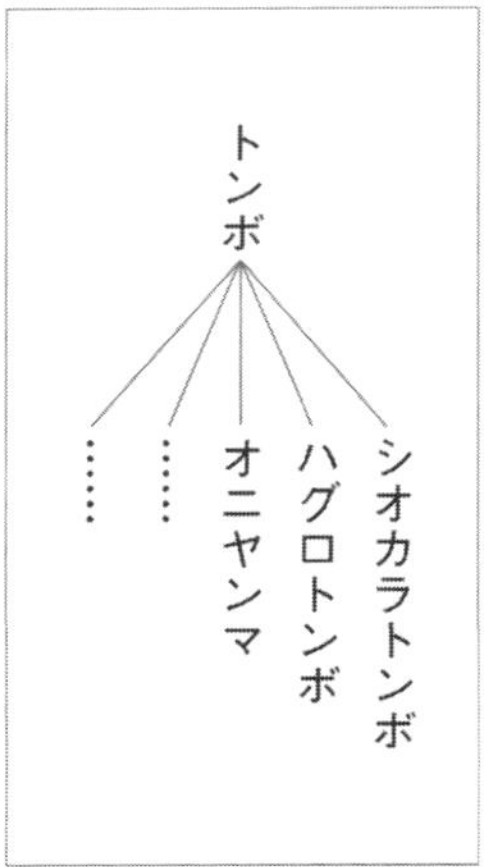

今度は、次の三枚の写真を見てください。上はシオカラトンボです。これはトンボの仲間でしたね。まん中はヒグラシですが、ミンミンゼミ・アブラゼミなどといっしょに、セミの仲間です。同じように考えて、下のモンシロチョウは、チョウの仲間となります。

さて、この三つを何か一つの言葉でまとめることができるでしょうか。シオカラトンボ・ハグロトンボ・オニヤンマ・……をトンボという言葉でまとめたように、トンボ・セミ・チョウも、ほかの一つの言葉でまとめようというのです。なんとい

137

※「広い言葉、せまい言葉」(『ひろがる言葉　小学国語３下』教育出版) より

う言葉か、わかりますか。

トンボもセミもチョウも、六本のあしをもっていて、頭・むね・はらの三つに分かれています。このようなとくちょうをもっているものは、「こん虫」とよばれています。下の絵のように、「こん虫」という言葉は、トンボ・セミ・チョウ・……よりも、もっと「広い言葉」といえるわけです。

最《さい》後に、次のもう一組みの写真を見てください。上のシオカラトンボを、これまで出てきたうちでいちばん「広い言葉」で表すと、「こん虫」という言葉になりますね。同じように、まん中のリュウキンは「キンギョ」の

福沢　周亮
心理学者。心のはたらきや言葉の使い方について研《けん》究《きゅう》しています。

138

※「広い言葉、せまい言葉」(『ひろがる言葉　小学国語３下』教育出版）より

仲間であり、もっと「広い言葉」で表せば「魚」の仲間となります。下の白色レグホンは、もちろん「鳥」の仲間です。

それでは、今度は、この三つの仲間を、何かほかの一つの言葉でまとめてみましょう。なんという言葉か、わかりますか。

「動物」がそれにあたります。これを絵にかくと、「動物」の箱は、こん虫・魚・鳥の箱を入れても、ほかにまだいろいろな箱が入るほど大きなものになるでしょう。

こうしてみると、「動物」は、大変《へん》「広い言葉」だといえます。かなり「広い言葉」だと思った「こん虫」が、「動物」とくらべると「せまい言葉」になってしまうのです。トンボ・チョウなどは、もっと「せまい言葉」になります。

では、「動物」より「広い言葉」はないのでしょうか。わたしたちは、「動物」と「植《しょく》物」をまとめて、「生物」という言葉があることを知っています。

この「生物」にくらべると、あれほど「広い言葉」だと思った「動物」も、実は「せまい言葉」になってしまうのです。

本を読もう

『ことばがいっぱい なまえのことば』
五味《ごみ》 太郎《たろう》／作
「花」「顔」「牛」「いす」「魚」などの「広い言葉」の中に、どのような「せまい言葉」があるかを楽しい絵と文字でしょうかい。

『ことば観察《かんさつ》にゅうもん』
米川《よねかわ》 明彦《あきひこ》／文
自分のことは、「ぼく」「わたし」「あたし」など、たくさんのよび方があります。この本には、時代《だい》や場所により、どのような言葉の仲間があるか、しょうかいしています。

139

※「広い言葉、せまい言葉」(『ひろがる言葉　小学国語３下』教育出版）より

朝午前8時に起きる」「必ずスーツを着用する」というのも具体的な表現である。

一方、「抽象的」とは、ものごとの共通部分を抽出して把握することであり、解釈の余地がもう少しある表現である。たとえば、「マツダのスポーツカー」というと、前掲の「RX-8」かもしれないし、「ロードスター」もしくは「RX-7」のことかもしれない。また、「規則正しい生活をしよう」とか、「服装のルールを守ろう」などは前掲の具体例に比べて抽象的な表現だといえよう。

抽象と具象の意味については、図1-2により理解を深めてほしい。

概念化とは、一般化（上位概念に包括）することである。具体的には、図1-1の抽象のはしごの問題にもあるように、「亀 → 爬虫《はちゅう》類 → 動物 → 生物」というように、上位の分類のことばに置き換えていくことであり、ある時点で認知できた一部の特性に注目して、「～とは、こういうものだ」と決めてしまう操作を「概念化」と呼んでいる。概念化するのは、われわれがものを考えるときに内容の単位が必要であるからだ。こうして概念化によって形成された思考の単位を「概念」という。

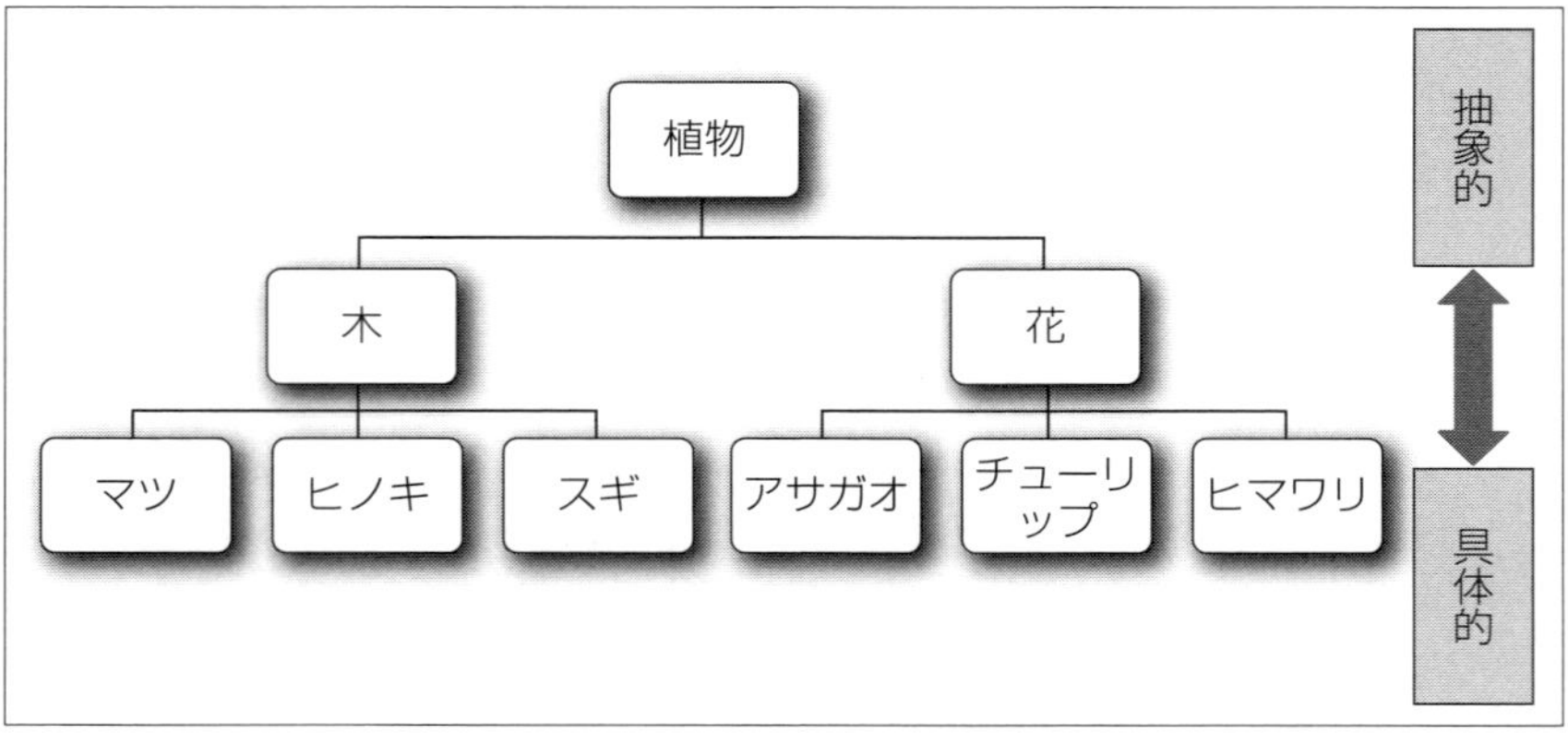

図1－2　抽象・具象の意味

ことばにはレベルの違いがある。それは相対的なものであることを体感するために、上位概念、下位概念という語を用いて理解してほしい。ことばのレベルの違いは単語だけにあるのではなく、文、段落、文章にもある。樹系図をつくって考えてみる（図１－３）。

では、次の課題に挑戦してみてほしい。

①「料理」という概念はどのように説明したらよいだろうか。

②アンケート調査の目的の一つが「生徒が授業に対してもっている不満を明らかにする」であった。概念化のステップを用いて質問項目はどのように作成したらよいだろうか。

ぼくのクラスですごい人を二人紹介します
坂田さんは文化的素養ナンバーワンです
三上君はクラス一のスポーツマンです
デザインのコンクールではいつも入賞しています
合唱コンクールではソプラノのソロを担当しました
学校祭では上手な演技で劇を盛りあげました
10段跳び箱を簡単に跳ぶことができました
バク天をすることができます
50メートルを6秒台で走ることができます

図１－３　ことばのレベルの違い（上位概念・下位概念）

第3節 「抽象の段階」を上下することの意味

「抽象の段階」を上下することの意味について次の問題をもとに考えてみる。

◇事　例◇

「速度は距離に比例し、時間に反比例する」

小学校で算数を勉強したときのことを取りあげる。算数の教科書に問題のような「速度は距離に比例し、時間に反比例する」と抽象的な表現が書いてあってもピンとこない。ところがこれに該当する具体例が示してあるとずっとわかりやすくなる。たとえば、「同じ時間なら2倍の速さで歩けば2倍の距離のところに行ける。また、同じ距離なら2倍の速さで歩けば60分で行けるところが30分で行ける」と具体的な例を示して考えることで問題が解決しやすい。このようにわれわれは必要に応じて抽象の段階を絶えず上下しながら思考しているのである。

抽象的な問題よりも具体的な問題のほうが解決しやすいことは、ウェイソン[4]の「４枚カード問題」の実験でも明らかである。この課題は、図１－４のような形で被験者に出題された。もちろん、全部のカードを確認してもよいが、すべて確認しなくても規則が正しいかどうかは確認できる。つまり、規則が破られている可能性のあるカードだけを選ぶという問題である。大学生を対象におこなわれた実験では、図１－４のような抽象的な形で与えられた「4枚カード問題」の正答率は10%を下回った。ところが、図1－5のように具体的な問題では正答率は80%になった。この二つの問題は、論理構造は同じである。

図1－5[5]の問題を間違う人が少ない理由は、日常場面で経験しているからであり、人間は、具体的な日常場面のことがらのほうが問題を解決しやすくなっているということである。つまり、具体的に考えたほうがわかりやすいのである。それと同時に抽象化することで、効率よく考えたり、規則性を見つけ出して予測したり、現在まだ存在していないものについてまで考えられるようになる。したがって、具体的にのみ考えたり、逆に抽象的にのみ考えたりするだけでなく、抽象と具体の往復作業、つまり抽象の階段を上下しながらも考えていくと

片面には数字が、もう片面にはアルファベットが書いてあるカードが4枚ある。

D	K	3	7

このとき、これらの4枚のカードについて、「片面がDのカードのもう片面は3である」という規則が破られていないかどうかを確認するのに、必ず見なければならないカードだけを選びなさい。

図1－4　抽象的4枚カード問題

片面には客の飲み物、もう片面には年齢が書いてあるカードが4枚ある。

ビール	ジュース	22	16

「アルコールを飲むなら20歳以上でなければならない」という規則が破られていないかどうかを確認するのに、必ず見なければならないカードだけを選びなさい。

図1－5　具体的4枚カード問題

いう柔軟な思考が必要なのである。

では、このことを説明するのに、さらにわかりやすい例を次に示してみる。学校での授業を思い出してほしい。教師から具体的な出来事ばかり延々と話されれば、何がいいたいのかわからないだろう。つまり、この教師は低いレベルにこだわっていることになる。また、学生に抽象的な解説だけを延々とする教師がいたとすれば、その教師は高いレベルにこだわっていることになる。どちらも学生にとっては退屈なだけである。ではどうすればよいのだろうか。具体例を示して事実の裏づけを述べ、何がいいたいか、つまり抽象のレベルでまとめた主張を明瞭に述べると有効と考えられる。

これまで述べてきたように、具体的に考えることでわかりやすくなり、日常的な問題を解決しやすくなる。また、同時に、抽象的に述べることで、効率よく考えたり、規則性を見つけて予測したり、今存在していないものについても考えることができるようになる。したがって、具体的にだけ考えるとか、抽象的にだけ考えるということでなく、抽象の階段を絶えず上下しながらいろいろなことを考えていかなければならないのである。

ハヤカワ[1]は、この点について次のように述べている。

「面白い著作家・実のある話し手・正確な思想家、そして分別のある個人というものは、抽象のはしごのあらゆる段階において活動し、素早く滑らかにそして秩序あるしかたでより高いレベルからより低いレベルに、より低いレベルから高いレベルに動ける人——その精神はまるで木の上のサルのようにしなやかに巧みに美しく活動できる人である。」(大久保忠利訳)

第1章注

（1）Hayakawa,S.I.(1949) Language in thought and action.（大久保忠利訳『思考と行動における言語』岩波書店、１９８５年）

（2）ハヤカワは、一般意味論において抽象と具象の関係を明らかにし可視化する方法として「抽象のはしご」を提案している。しかし、ハヤカワは「抽象と具象」という用語はもちいず「抽象の過程」と表現している。

（3）①フナ　→　淡水魚　→　魚　→　生物
②土佐犬　→　犬　→　哺乳類　→　動物

（4）福沢周亮「広い言葉・せまい言葉」『ひろがる言葉　小学国語3下』教育出版、２０１０年

（5）Waison,P.C.(1968) Reasoning about a rule. Quarterly Journal of Experimental Psychology, 20, 273-281.

（6）Griggs,R.A., & Cox,J.R.(1982) The elusive thematic-materials effect in Wason's slection task. British Journal of Psychology, 73, 407-420.

Column 1

シンボルを操る動物

ことばと人間のかかわりを考える上で、わかりやすい例は、新生児、乳児、幼児と育っていく、人間の初期の状態の変化である。

生まれたばかりの新生児はことばをもっていない。しかし、以下の生得説の見方によるように、人間はことばを獲得するための潜在的な力をもって生まれてくると考えられる。

①　ことばは、人類に独特のものである。

②　人間の、どのことばでも意味論、統語論、音韻論について、類似の普遍的な原理をもっている。

③　ことばの学習についての発達的な順序は、すべての文化の中で一様である。たとえば、どの文化の子どもも、4歳から6歳の間に、母語の重要な要素を習得している。

④　ことばは容易に学習され、人間に深く根ざしているため、子どもは、非常に不利な条件の中でもことばを覚える。

⑤　ことばの学習は、解剖学的、生理学的に、ある部分と結びつけられているという証拠がある。

したがって、乳児、幼児と成長するにつれて、周囲のことばを理解したり、周囲にことばを遣って働きかけたりするようになる。成長するにつれて、理解することばも使用することばも増え、より複雑な構造のことばがわかったり遣えたりするようになる。感情や意志を伝える範囲や行動の範囲も広がって、だんだんに、社会に、またその社会がもつ文化に参加できるようになるのである。

カッシーラー（Cassirer, E）によれば、人間は「シンボルを操る動物（animal symbolicum）」[(1)]との解釈があるが、まさに、人間はことばを獲得することによって「人間」になるといえるだろう。

注

（1）Cassirer, E. An essay on man, 1944.（カッシーラー、宮城音彌訳『人間』岩波書店、1953年）

第2章

内在的意味
――「おとうさん」と「パパ」は違う――

第1節　「通達的内包」と「感化的内包」

一般意味論では、意味を外在的意味と内在的意味に分ける。外在的意味は、「外在的意味を言えと言われたときは、いつでも、自分の口を手でふさいで、指でさせばいい」[1]といわれているように非言語的世界にある。一番確実な外在的意味の伝え方は、聞き手を現地に連れて行って実物を指し示すことである。外国人に「寿司ってどんなもの」と聞かれた場合は、寿司屋に連れて行って食べさせればよい。ことばをどんなにたくさん使っても外在的意味は伝わらないが、体験させればすぐにわかるのである。

ことばには、もう一つ内在的意味がある。内在的意味は、頭の中に想起しているものであり、ことばで記述することが可能である。「犬とはなんですか」という質問に、「古くから人間が家畜として飼い親しむ動物です」と説明すれば内在的意味を述べたことになる。また、辞書によると「犬」は「スパイ」という意味で、「警察の犬」などと使われることもあり、これも内在的意味である。外在的意味と内在的意味の区別は重要である。なぜなら、外在的意味は外在的世界に立ち戻って検証すれば、比較的簡単にお互いの一致が得られる。しかし、内在的意味は目に見えない世界での意味であるため、気づかないうちにお互いの想起しているものが食い違ってしまっていたということが多い。

内在的意味は、多くの母語話者の間で比較的多くの共通部分をもっているから、辞書をつくることができるし、日常生活に支障のない程度にコミュニケーションが可能となる。その結果、内在的意味はどの人も一致していると思い込みやすいが、同じ単語を遣っていても内在的意味が食い違っている場合は多い。

たとえば、「彼は頭がいい子だ」というと、勉強ができる、性格がいい、容姿もいいと思いがちではないだろうか。また、「彼女は本が好きだ」というと、思い浮かべる本は、文学書、ファッション雑誌、料理雑誌、旅雑誌、漫画本、美術書、学術書など、さまざまに分かれるであろう。つまり、内在的意味の個人差には十分注意を払い、その時そのときの意味を文脈によって配慮することが必要なのである。

内在的意味は、通達的内包と感化的内包に分けられる。通達的内包とは、社会的に同意された非個人的な意味のことであり、感化的内包とは、あることばを聞いて人々が心の中に浮かべるイメージや感情的雰囲気のことである。

次の①と②を比べてみていただきたい。

① かんなさんのおとうさん

② かんなさんのパパ

①も②も、外在的意味はもちろん、通達的内包も同じである。要するに「かんなの父親」ということである。しかし、「おとうさん」と「パパ」では、イメージや感情的雰囲気が違うであろう。「おとうさん」に比べて、「パパ」のほうが、軽くて明るい感じがするのではないだろうか。つまり、感化的内包が異なるのである。

たとえば、新品の紙コップが二つある。一つは通常の紙コップで、もう一つは検査目的の目盛が印刷してある紙コップである。横にペットボトルがおいてあったら、みなさんはどちらでお茶を飲むであろうか。ほとんどの人が、衛生上どちらも新品であるので問題ないのだが、「検尿コップ」を思い出し、目盛りのついているコップでお茶を飲むことに抵抗を示すのではないだろうか。通達的内包は同じであるが、感化的内包が異なるということである。

また、大学生に大人になったと感じたときは、どのようなときかをたずねてみると、「高校生まではおまえたちといわれていたが、大学生になってあなたたちといわれたとき」と答えている。集団に向かって「皆様」「お集まりの方々」「君たち」「あなたたち」「おまえたち」など、どのことばで呼ぶかによって、通達的内包は同じでも、感化的内包は異なっている。「皆様」「お集まりの方々」なら尊重されている感じがするが、「君たち」「あなたたち」は、聞き手を自分より低くみていることがわかる。「おまえたち」は聞き手の存在を軽くみていたり、喧嘩を売ろうとしていたりしているときのことばなので、聞き手の怒りや反発をかうことになるだろう。

興味深い例に「おまえ」という呼称について取りあげられた記事がある。[2]

おまえ
愛情をこめて呼ばれる「おまえ」なら呼び方なんかにこだわりません

この歌は、朝日新聞の記事の流れの中にある。この作品の背景には、「おまえと呼ばれたら、どう感じるか?」というアンケート調査に回答した2万人の調査結果がある。配偶者や恋人にそう呼ばれたら「腹立たしい」「何となく不快」との回答が男女とも8割あった。「新婚当初、それでよく喧嘩した」女性もいたと回答している。

職場でも、女性のほぼ9割、男性の7割が不快に感じていた。具体的回答には、「おまえ呼ばわりは一種のパワハラ」「尊敬できない上司からいわれるのには抵抗がある」などである。しかし「御前《おまえ》」は、もともと目上に使う呼称で、「おんまえ、ごぜん」と読めば察しがつくだろう。それが、江戸時代から同等や目下にも使われるようになり、戦後は「俺《おれ》」と対をなす、男臭くて荒っぽい語感をおびた。したがって、相手が男性でも女性でも、信頼関係がなければ控えたほうが賢明であろう。

また、朝日新聞のコラム「天声人語」に「おまえ」について次のような記事を見つけた。(3)

10月に亡くなったフランク永井さんの名曲に「おまえに」がある。〈…僕のほころびぬえるのは　おなじ心の傷をもつ　おまえのほかにだれもない　そばにいてくれるだけでいい〉。固い契りを、ささやくように歌い上げた。

夫婦か、恋仲か。おまえと呼ばれて、女性側に何の違和感も生じない関係であろう。主従ではなく、絶対的な信頼で結ばれた男女が浮かぶ。〈そばにいてくれるだけでいい〉人など、そういない。

当方、家族を「おまえ」と呼んだこと数知れない。それでモメた覚えもないのだが、「おまえ」について調査結果を知って不安がよぎった。もしや先方が耐え忍んできたのではないか。聞いたら、その通りだった。

次に、朝日新聞の「ひととき」に紹介された記事を読んでほしい。(4)

「おまえ」でいいよ

天声人語で、「おまえ」について書かれていたのを、おもしろいなと思いながら読んだ。

物静かで穏やかな夫は「おーい」と遠くから呼ぶことはないけれど、一日に何回も「おまえ」と言う。「おまえ薬飲んだか」とか、「おまえ何時に出かけるのか」とか。私がすることを聞くときは、いつも「おまえ」だ。でも一度も、腹立たしいとも不快だとも感じたことがない。

いつまでも「おまえ」でいいよ。背中に向かい、心の中で静かに思った。

こんな流れの中で先に掲げた歌を詠んでみてほしい。味わいが変わるだろうか。通達的内包は相手に対する呼称で変わらないが、それを受け取る側の感化的内包が異なるということである。

第2節

教材「言葉と事実」

ここでは、「言葉と事実」（『ひろがる言葉　小学国語5上』教育出版）(5) を使って考えてみる。人は事実をよく見ようとしないで、ことばだけに反応してしまう。つまり、事実とことばが結びつかないことから生じる問題についてここでは述べている。また、事実と結びついていても、遣われることば次第で、その事実の受け取り方が違ってしまうことを述べているのである。

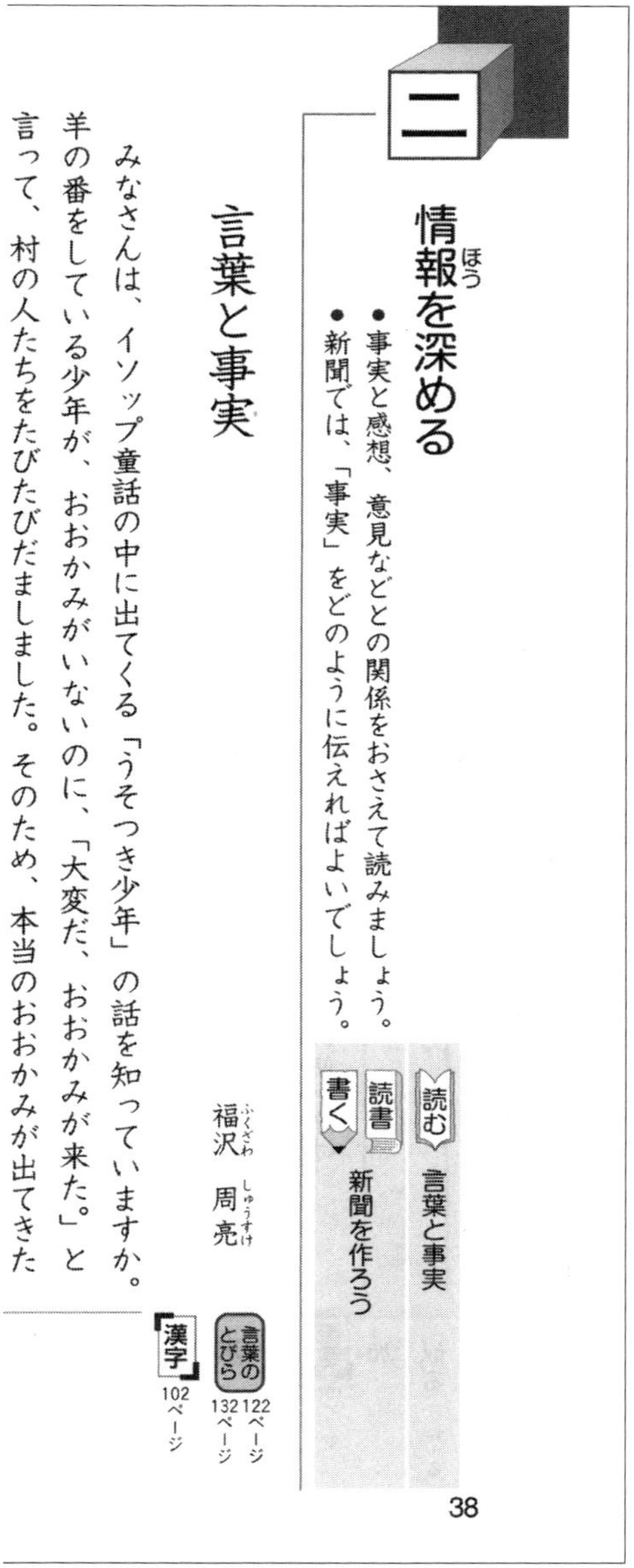

二　情報《ほう》を深める

- 事実と感想、意見などとの関係をおさえて読みましょう。
- 新聞では、「事実」をどのように伝えればよいでしょう。

読む　言葉と事実
読書
書く　新聞を作ろう

言葉と事実

福沢《ふくざわ》　周亮《しゅうすけ》

みなさんは、イソップ童話の中に出てくる「うそつき少年」の話を知っていますか。羊の番をしている少年が、おおかみがいないのに、「大変だ、おおかみが来た。」と言って、村の人たちをたびたびだましました。そのため、本当のおおかみが出てきた

言葉のとびら　122ページ　132ページ
漢字　102ページ

38

時、少年が「おおかみが来た。」と言って助けを求めても、村の人たちは、少年の言うことをうそだと思って、助けに行かなかったという話です。

「大変だ、おおかみが来た。」というさけびは、実際におおかみが出てきた場合にだけ事実と結びついています。ところが、少年は、事実と結びつかない言葉を何回も使ったので、村の人たちから、少年の言葉は信用できないと思われてしまいました。そのため、本当におおかみが出てきた時の少年のさけびが、言葉の役を果たさなくなっていたのです。言葉は、事実と結びつけて使うことが大切です。

では、言葉は、事実と結びついていれば、どんな言葉を使っても同じように受け取られるでしょうか。どうも、そうではなさそうです。同じ事実と結びついていても、

求★

言葉は、——でしょうか

それを伝える人によって、使う言葉がちがってくることがあるからです。

次のリレーの対抗《こう》戦を例にして考えてみましょう。五年の一組と二組が学級対抗のリレーをしました。それぞれ五人のリレー選手を出しました。リレーの途《と》中では、二組のほうが速く、四人が走り終わった時には二組が勝っていました。けれども、最終ランナーのところで、一組が二組をぬいて、勝ったのです。

このリレーのことを、一組の夏川《なつかわ》さんは、「大勝利」という見出しで学級新聞に書こうと思いました。二組は強敵で、勝つことがむずかしいと思っていたため、最終ランナーでの逆転勝ちは「大勝利」だと思ったからです。同じ一組の春村《はるむら》さんは、最後のランナーが二組のランナーをあざやかにぬいたことが心に残ったので、「快勝」という見出しがぴったりではないかと思いました。

利★

強敵○　テキ

逆転○　ギャク

※「言葉と事実」(『ひろがる言葉　小学国語５上』教育出版）より

一方、二組の秋田《あきた》さんは、「おしくも敗れる」と、学級新聞の見出しをつけました。ほとんど勝っていたリレーだったのに、本当におしいところで負けたという感想をもっていたからです。

一組は二組に大勝利をおさめた。

一組は二組に快勝した。

二組は一組におしくも敗れた。

このように、事実は同じでも、表現する人の立場や感じ方によって、言葉がちがっています。

敗★

39

言葉がちがうと、受け取る側の印象もちがいます。「大勝利」ですと、価値《ち》ある勝利であるとか、非常に強かったということが印象に残りますし、「快勝」ですと、気持ちよく勝ったという印象があります。「おしくも敗れた」では、勝ちそうだったのに、もうちょっとのところで負けた、という感じがします。そのため、一組の新聞を読んだ場合と、二組の新聞を読んだ場合とでは、対抗戦について、言葉から想像する「事実」がちがってきます。

また、言葉のあたえる印象のちがいに注意を向けた、こんな話があります。数十年前のアメリカのあるデパートでのことです。同じ男子用ハンカチを、売り場の両端《はし》に分けて積んでおき、次のような札をつけておいたところ、①の札をつけておいたほうがよく売れたというのです。

側★　価値○○ カ　非常○○ ヒ／ジョウ　積★　織り○ お-る　特★

40

※「言葉と事実」(『ひろがる言葉　小学国語５上』教育出版）より

①織りのやわらかい、交じりけのないアイルランドあさのハンカチーフ
特価　三枚《まい》五十セント
②手ふき　三枚二十五セント

八時間の間に、①では、二十六人が手に取って見て、十一人が買っていったのに対し、②では、六人が手に取って見て、二人が買っていきました。同じ商品のハンカチですが、売れゆきにちがいがあったのです。

どうしてこんなことが起きたのでしょうか。考えられることは、札に書かれた言葉の印象のちがいです。①が、よいハンカチを特に安く売ると感じられるのに対し、②には、人目をひかない言葉が書かれています。こうした印象のちがいが、前のような結果をひき起こしたものと思われます。同じ事実でも、言葉によってちがった「事実」の受け取り方をする、ということがよくわかるでしょう。そればかりか、人は、言葉だけを信用し、事実に目を向けずに行動してしまうことがあるのです。

これまであげてきた例のようなことは、わたしたちの日常生活の中でもよく起きています。事実と言葉が結びついていても、人がちがえばことなった言葉で表され、ことなった印象をあたえることがあります。そこには、一人一人のものの見方のちがいが表れているのです。そして時には、「受け取る側にこんな印象をあたえよう」と考

人目をひく

※「言葉と事実」(『ひろがる言葉　小学国語５下』教育出版）より

> えて、言葉が用いられることもあります。
>
> 　このように考えると、わたしたちが話したり書いたりするときには、ある一つの事実を表すにも、それをどのようにとらえ、どのように表すかということに気を配る必要があります。一方、話を聞いたり、本を読んだりするときには、話し手や書き手が事実をどのような言葉で表しているか、その言葉によって、その人がどのようなものの見方をし、どのような目的で、何を伝えようとしているか、というところまで考えてみる必要があるのです。
>
> 福沢　周亮
> 〔一九三三-〕心理学者。子供《ども》の発達や、言葉と心の関係について研究している。
>
> 41

もう一つ具体的な例を示して考えてみる。

次に示すのは、芦屋雁之助が歌った「娘よ」である。この歌について、朝日新聞の「天声人語」に紹介された記事[6]と比較してみてほしい。

「天声人語」に紹介された記事はいわゆる官僚的なことばで書かれている。まず、「難しい」「何をいっているかわからない」などと倦厭《けんえん》してしまうのではないだろうか。通達的内容は同じであっても、遣われることばが違うことによって、事実の受け取り方が異なってしまっている。

娘よ（作詞：鳥居実）

嫁に来る日が　来なけりゃいいと
おとこ親なら　誰でも思う

早いもんだね　二十才を過ぎて
今日はお前の　花嫁姿
贈る言葉は　ないけれど
風邪をひかずに　達者で暮らせ

天声人語より

娘の出嫁については、その早急な実現は諸般の事情によって著しく適切を欠くものと思料するのが、当該男親の通例である。しかしながら、一方、二十才を過ぎた娘の花嫁姿を見るにあたっては、その重要性、緊急性にかんがみ、前向きに取り組むことが強く要請されるところである。

遺憾ながら、惜別の辞は、見合わさざるを得ないが、健康対策については留意の上、良好な環境確保の促進を図りつつ、適切かつ弾力的に暮らされたい。

第3節　ネーミングの意味するもの

われわれ人間は、事実に反応しているようにみえて、実はことばに反応している面がある。「セブン・イレブン、いい気分」はコンビニエンスストアのキャッチコピーである。キャッチコピーの役割は、受け手にイメージをもってもらうための広告である。このような広告の役割は、その広告を見てもらい、対象の商品を買ってもらうように消費者を説得することにある。つまり、商品の存在に注目させ、特別の意味をもたせ、共感させ、記憶に残し、必要性を認識させて、行動を起こさせなければならない。そのためには、記号がもつ人々に影響を与える力（第4節で〝ことばの魔術〟と呼んでいる）を積極的に利用することである。韻やリズムを多用するのは、注意を引いて人々の記憶に、ことばを残すためである。

「セブン・イレブン、いい気分」というキャッチコピーは、おそらく誰でも知っているだろう。「すぐおいしい、すごくおいしい」（日清食品、チキンラーメン）も韻を踏んでいて記憶に残りやすいキャッチコピーである。

「そうだ　京都、行こう」は、１９９３年に平安建都１２００年記念事業に合わせる形で開始されたＪＲ東海による京都キャンペーンである。会話調のキャッチコピーにすることによって、企業が伝えたかった親近感という感化的内包はしっかり伝わっている。そして、日常会話で頻繁に使う「そうだ、○○○○」という文章を使うことで、日常的にこのコピーを想起しやすい。桜や紅葉など、季節ごとの京都の魅力を紹介しており、本キャンペーンで取りあげられた寺社に観光客が多く詰めかけるなど、このキャッチコピーの影響力は大きい。

また、「ブルーレットおくだけ」は、「ブルーな水」と「トイレット」の造語だそうである。この製品も知らない人はいないのではないだろうか。そのくらい浸透している。「のどぬーるスプレー（のどの殺菌消臭スプレー）」「トイレその後に（トイレの瞬間消臭スプレー）」は、商品名でその使用方法がわかる。「アンメルツヨコヨコ」「熱さまシート」なども、そのネーミングによって商品を簡単にイメージすることが可能であり、ネーミングによって商品の知名度は高まっている（以上、小林製薬）。

このことは、広告でも同じである。１９５７年までほとんどの日本人にとって2月14日は特別な日でも何でもなかった。しかし、１９５８年2月にメリーチョコレートカンパニーが、新宿の伊勢丹で「チョコレートフェア―」を開催してから、徐々に人々の2月14日に対する意味づけが変わり始めた。メーカーの広告によって社会全体が2月14日＝バレンタインデー＝チョコレートと意味づけ、多くの日本人が2月14日はバレンタインデー、チョコレートの日だと思い込んでいることは間違いない。

『アナと雪の女王』は、ウォルト・ディズニー・アニメーション・スタジオ製作による２０１３年公開のアメリカ合衆国の３Dコンピュータアニメーション・ミュージカル・ファンタジー映画である。２０１３年度アカデミー長編アニメ映画賞受賞作品で、日本では２０１４年に公開され、〝アナ雪〟の略称でも呼ばれている。アニメーション映画としての興行収入は全世界歴代1位となった。主人公のアナのドレスを着て、幼児が自分もヒロインになった気になっている。年代によってこのヒーローは異なるが、いつの時代にも憧れの存在があって、子どもはその象徴をほしがり、身につけたがるものである。それは、大人も同じことなのである。

トヨタ自動車は、「いつかはクラウン」というキャッチコピーを使ってきた。社会的地位と名誉の獲得、上流階級の象徴という意味づけをして、クラウンを成功者が乗る高級車として憧れの存在にしたのである。

最後に読売新聞「編集手帳」に掲載された記事[7]を読んで名前について取りあげたい。名前は感化的内包を強くもつ語である。心理学にカクテルパーティ効果がある。騒がしいカクテルパーティの会場でも、われわれは聞きたい相手の話に注意を集中すれば、まわりの騒がしさを無視することができる。ところが、話の中に自分の名前が聞こえた途端、注意はそちらにむいてしまう。[8]自分の名前のもつ感化的内包はそれだけ強いということであり、特別な存在なのである。

永井荷風は愛人の家で生まれた子犬を自宅に引き取った。毛の色から愛人宅では「シロ」と呼ばれていたが、それではありふれている。漢字で「只魯《しろ》」と名づけた。できれば『論語』でおなじみの「子路」にしたかったという。〈孔子が弟子の名を犬に用いるはあまりに甚しき戯れなるべし〉。「子路」は断念したと、『断腸亭日乗』1931年（昭和6年）10月22日付け記述にある。

〝あやかる〟と〝はばかる〟の境目がむずかしい。大分市の高崎山自然動物園が赤ちゃんザルを英国王女と同じ「シャーロット」と命名したところ、「王室に失礼だ」と批判が殺到した。検討し直すという。

昔、同じ名前の蜘蛛を主人公にしたアニメ映画『シャーロットのおくりもの』（米・英合作）に親しんだ小欄などは蜘蛛でもサルでもそう失礼に感じないのだが、感じる人もいるだろう。祝福をこめて、〝あやかる〟も善意、失礼だと〝はばかる〟も善意の騒動と言えなくもない。

第4節　ことばの魔術

ことばには不思議な力があるといわれている。唱えるだけで人間の世界や自然現象に影響するという信仰もあるぐらいで、そこでことばのもつ力を「ことばの魔術」と呼んでいる。

では、子どものころをちょっと思い出してみてほしい。多くの人に、やる気がでる一言や、やる気が失せてしまった一言があるのではあるまいか。たとえば、勉強しようと思っているのに、親に「勉強しなさい！」といわれてげんなりしてしまったことはないだろうか。反対に「あなたはできる子だから」といわれると、やる気が起こったこともあるのではないだろうか。こんな経験は誰でもしたことがあるだろう。

また、小さい子どもに痛みが飛んでいくように「ちちんぷいぷい、いたいのいたいのとんでいけ」といったり、重いものを動かすときに「よいしょ」といったり、楽に座れるように「どっこいしょ」などといったりするまじないことばは、比較的よく使われているのではないだろうか。本当に効果があるかどうかは、その人がどれだけ信じているかによるが、効果の有無にかかわらず、抽象のレベルの混同であることに変わりはないのである。

魔術とは、よいほうにでも、悪いほうにでも、曲げて表現されており、したがって、その表現を使った本人にも、その表現を受け取った人にも、真実以外の情緒が加わってしまったり、論理的な判断や推論が曲げられてしまったりする言語表現なのである。(9)

ハヤカワの著書の翻訳者であり、自らもことばの魔術破りを実践してきた大久保忠利は、ことばの魔術には次のような三つの意味がある、としている。

① コトバそのものに「魔力的な力がある」と思われていた昔の信仰のナゴリ（お祈りや呪文）。英語の word magic が言語。

② ウソ、ゴマカシ。ただしこれはむしろ日本製であり、外国ではこの意味ではあまり使われない。

③ 人間のもっている能力であるコトバそのものから、ある力が、使い手につたわる。コトバを使う人に、気のつかない作用を及ぼす、という意味。

大久保はもっぱら②の意味でのことばの魔術破りを中心に多くの分析をおこなっている。

それでは、次の新聞記事の抜粋[11]を読んで「ことばの魔術」について考えてみる。

船が沈没する。船長は最後まで船橋《せんきょう》にいた。二通りの記事が書けると心理学者の堀川直義さんが『言葉の魔術』で述べている。〈船長は溺れる船客に見向きもしなかった〉〈船長は最後まで部屋を離れず、職責を全うした〉報道とは怖い仕事である。真相を伝えるために必要なものは綿密な取材であり、真相を色めがね抜きで見つめる無色透明なまなざしだろう。残念なことに、どちらも欠けていたらしい。

第3節でも書いたが、ことばの魔術の利用の最たるものは広告の方略である。本来広告の目的は、商品情報の提供である。商品の形状、特徴、機能、価格、購入方法などの情報を判断材料として、消費者に伝達することである。したがって、企業には正確な商品情報を提供する義務がある。しかし、実際の広告が情報の無色の記述であることはめったにない。商品などがとても魅力的に見えるようになっているのは、嘘をつかずに魅力的な印象を与える方略を、広告のキャッチフレーズを作成するコピーライターが駆使しているからである。この方略のもっとも有力な手段が、ことばの魔術の利用なのである。つまり、広告を商品そのものではなく、詩のようにつくって、購買意欲を高めるような感化的内包を帯びさせ、商品に対する内在的意味を消費者につくらせているのである。

消費者に無批判にあるブランドを信奉してもらうための企業戦略は、批判能力がまだ不十分な子どものころによいイメージを植えつけてしまうことである。この戦略で最も成功を収めたのは、ウォルト・ディズニー・カンパニーである。ウォルト・ディズニー・カンパニーは、ディズニーアニメの脚本も絵も制作していないが、ディズニーランドという空想の世界をつくり出し、おもちゃを世界中に売り、アニメ映画の工場生産システムを発明した。『白雪姫』の映画は、１９３７年12月の公開前にすでに70社と契約が結ばれ、おもちゃ、本、洋服、スナック菓子が売られていたという。[12] ２０１３年公開の『アナと雪の女王』がアニメーション映画としての興行収入全世界歴代１位となったことは記憶に新しい。

このように幼児期に商品に対する愛着をもってしまえば、理屈抜きで生涯のファンとなる可能性が高い。このような理由から大企業の宣伝ターゲットとして子どもが注目されるようになったのである。

第２章注

（１）Hayakawa,S.I.(1949) Language in thought and action.（大久保忠利訳『思考と行動における言語』岩波書店、１９８５年）

（２）『朝日新聞』（朝日歌壇「おまえ」２００９年１月19日記事より）朝日新聞社
大久保忠利『コトバの魔術と思考』春秋社、１９５３年

（３）『朝日新聞』（「天声人語」２００８年12月６日記事より）朝日新聞社

（４）『朝日新聞』（「ひととき」２００８年12月16日記事より）朝日新聞社

（５）福沢周亮「言葉と事実」『ひろがる言葉　小学国語５上』教育出版、２０１０年

（６）『朝日新聞』（「天声人語」より）朝日新聞社

（７）『読売新聞』（「編集手帳」２０１５年５月６日記事より）読売新聞社

（8）Morey,N.(1959) Attention and dichotic listening ; Affective cues and the influence of instruction. Quaterly of Experimental Psychology, 11, 56-60.

（9）大久保忠利『コトバの魔術と切れ味』三省堂新書、１９７１年

（10）大久保忠利『コトバの心理と技術』春秋社、１９５２年

（11）『読売新聞』（「編集手帳」２０１４年９月13日記事より）読売新聞社

（12）エリック・シュローサー、チャールズ・ウィルソン著、宇丹貴代実訳『おいしいハンバーガーのこわい話』草思社、２００７年

第3章

分類

——子ども1は子ども2ではない——

第1節 ことばは分類を示している

私たちがものに名前をつけるのは、ものを分類することにほかならない。つまり、a1、a2、a3……anから共通な性質を描き出して、それをAと名づける。一方、そういう共通性と並んで、一つの類（クラス）のメンバーである各々の個物には、それだけがもっている独自性があるはずである。

ところが私たちは、あるものを分類し、それに名前をつけると、とかくその共通性だけに目を向け、その個物の独自性、ほかとの差異性には注意を払おうとしなくなる傾向がある。そのためよく「十把一《じっぱひと》からげ」的な発言をするようにもなる。たとえば、「大人って、みんな……」「近ごろの若者は……」などである。

第2章でことばには、外在的意味と内在的意味があることを述べた。外在的意味は聞き手を現地に連れて行って、実物を指し示し確認し合うことが可能なので誤解が生じにくいが、内在的意味は個人的に形成された内容まで含むので、分類され形成された概念にも当然偏見などがついて回ることになる。

たった1回失恋しただけで、「あの人は異性にもてない人」と決めつけてしまうことがある。また、数回、試験で悪い点を取っただけで、あの人は頭が悪いと思い込んでしまうこともある。友だちに少し悪口をいわれただけで、いつもみんな私を馬鹿にしていると思い込んでしまう。さらに、女性の運転者が駐車場で立ち往生しているのを2、3回観察しただけなのに、「女性は運転が下手だ」と断定するような場合もある。

このように、「以前そうだったから」との限定的な事例で、「どうせまたそうに違いない」と結論づけてしまう。これは、分類に無関係な特性を、誤った一般化によって付与してしまっている例である。そして、この分類されたものに自動的に感化的内包を付与し、早まった断定をしてしまうことがある。しかし、どのようなものでも注意深く観察すれば、共通性と同時に独自性をもっていることがわかるはずである。さらに、同じものでも、時々刻々と変化していき、5年前の「わたし」は、今の「わたし」ではない。同じ八百屋《やおや》でも10年前と現在とでは、その規模や商品種類の面で桁違いである。

このように考えてくると、われわれが分類をおこなっているのは、定義が真実として人間の定義の外に超然と存在しているものではなく、自分自身の考えや人とのコミュニケーションに誤解を挟まないように便宜的に決めているものだからである。社会で通用している定義や分類ですら、このように不確実なものである。それなのに、個人の認識の中で、本来同一でないものを同じ範疇《はんちゅう》に属するものとして分類してしまったり、一般化してしまったりすることがある。外在的意味はお互いに指示対象を確認し合うことが可能なので誤解が生じにくいが、内在的意味は、個人的に形成された内容、つまり、イメージや感情的雰囲気までも含むため感化的内包が異なるのである。そう考えると、われわれが分類し、それによって形成した概念にも当然偏見などがついて回ることになる。これまで分類するということの重大さや問題点について述べてきた。しかし、われわれは、あまり深く考えないで分類するという行為をしているが、熟慮すべき内容を多く抱えているといえるであろう。

第2節 個に目を向けよ

第1節で示した事態を避けるためにコージブスキー(1)は、「見出し番号」をつける方法を提唱している。女性1、女性2……のようにする。そうすると「女性1は女性2ではない」ということになる。つまり、先の例を用いると、「私の知っている女性の運転者は、駐車場で立ち往生していたが、だからといって女性全員が駐車場で立ち往生しているわけではないので、全員の運転に不信感をもつ必要はない」ことが明らかである。この見出し番号をつける方法を身につけていると、誤りの断定に振り回されずに済むのである。

一般意味論では、日づけと分類番号をつけようと主張する。同じ「平和」ということばを使っても、オオカミとヒツジとでは、意味内容（内包）が違っている。オオカミにとっての平和とは、ヒツジが自由に食べられる状態を意味するのに反して、ヒツジにとっての平和とは、オオカミがやってこないような状態をいうのである。つまり、平和1は平和2ではないのである。

また、この考え方は人間の見方にも影響する。今「医学生」という語を例にして考えてみる。

医学生とは、外在的意味では、医学部・医科大学に学籍があり、医学を学んでいる医学生1、医学生2、医学生3、医学生4、医学生5……を指している。しかし、それぞれの性質や特徴などについては何も語っていない。あくまでもことばの指示対象は、医学部・医科大学に在籍する学生だということだけである。

一方、そのことばを聞いた人は、それぞれの心の中に内在的意味が生起する。そして、これには個人差が生じる。たとえば、「頭のよい人」「頭の回転のよい人」「成績優秀な人」「最難関の入試を突破した人」「勉強ができる人」「お金をもっていそうな人」「英語ができる人」「妥協しない人」「プライドが高い人」など、よいものから悪いものまで、いろいろなイメージが、それぞれの人の内在的意味になっている。したがって、「医学生」ということばを聞いたとき、実際の医学生1、医学生2、医学生3、医学生4、医学生5……の個々の違いに注意を払う習慣がなければ、自分の頭の中に描いた架空の医学生から出発して、一つの医学生の内在的意味と別の医学生の内在的意味をつなげていくのである。現地と無関係な地図をいくらでも描いていくのと同じことである。

この点に、一般意味論の「実在するのは個物だけであり、普遍などというものは名ばかりのものだ」という考えを見いだすことができる。人がとかくステレオタイプな十把一からげ的な考えをすることを戒めて、個物の独自性を主張していることは、その限りでは正しいと思う。しかし、同時に次のような危険性も指摘できるであろう。

たとえば、「資本家は横暴だ、労働者の敵だ、と労働組合員はいう。しかし、ものの独自性をよく見たまえ。なるほど資本家1はあくどい人間かも知れぬが、資本家2は温情あふれる経営者で、従業員の面倒をよく見る。だから一般意味論をふりまわすのはいけない」と。けれども、それら個別の資本家の独自性にもかかわらず、資本家というものの社会的な階級制から規定される「本質」（これは抽象によってのみ把握できる。ここに「理論」の重要性がある）を見逃してはいけない。(2)

第3節 「老人」は何歳からか

ここでは、「老人」ということばの問題を取りあげる。

「敬老の日」が近づくと、何歳から老人と呼んでいいのかというような「老人」に対応する年齢についての論議が盛んになる。

どうしても、「老人」といわれることに抵抗を感じる人がかなりいるようで、そのため、孫ができても「おじいちゃん」「おばあちゃん」の呼称を嫌がる人や、「老人クラブ」「敬老会」に入ることに躊躇《ちゅうちょ》する人が出てくる。

なぜ、人は「老人」といわれることにこだわるのであろうか。「たかが呼び方の問題ではないか。本人さえしっかりしていれば、どう呼ばれてもかまわないじゃないか」というわけには、いかないようである。

これは、もちろん一般意味論の立場からみると、単なる呼び方の問題ではないことがわかる。「老人」というレッテルが貼られると、それを使う周囲の人はいうまでもなく、使われた本人もそのレッテルに反応する状況が生まれる。たとえば、あの人は「老人」だからこの贈り物がふさわしいだろうとか、自分は「老人」だからこの色が似合うだろうとか、さまざまな場面でこうしたことが起こるのである。単なることばの問題として片づけるわけにはいかない状況がうまれるのだ。しかも、その状況には、よい状況ばかりでなく、望ましくない状況も含まれるため、単なることばの問題として見過ごすわけにはいかないのである。

ところで、「老人」はそんなに嫌われる〝意味〟をもっているのだろうか。試みに「老」と「若」を比較してみよう。

「老」のつくことばでも、「老巧《ろうこう》」「老練《ろうれん》」は〝上手〟につながり、「老舗《しにせ》」も信用がおける立派なものを売っているという意味で、やはり〝上手〟につながる。一方、「若」がつくことばでも、「若輩《じゃくはい》」「若気《わかげ》」は〝未熟〟や〝下手〟につながる。この限りでは、「老」もすてたものではないのである。ところが、「老人」と「若人」を比べてみると、前者が〝衰〟や〝陰〟につながる印象をもつのに対して、後者は〝盛〟や〝陽〟につながる印象をもっている。

「老人」ということばへの抵抗は、本人が気づいているか否かはともかく、こうした〝衰〟や〝陰〟への抵抗のように思われる。

とはいっても、ここでは、「老人」の替わりになることばを考えることはしない。今までにも、新聞紙上に現れたことばでは、「大青年」や「大成人」などがあるが、おそらく定着していない

と思われるし、「年長者」「高齢者」でかなり補えると考えるからである。それに「老人」そのものについては、対応する年齢をかなりあげることでよいように思われる。みなさんはどう思われるであろうか。

第4節 「公害」ということばの落としあな

「公害」ということばは、いつごろから遣われ出したことばであろうか。『現代用語の基礎知識』（1996年版）には、「公害」についての記載があるが、1994年版には、その記載はない。『日本の環境政策』（1987年）[3]に、「公害ということばは、すでに明治10年代の大阪府令の中に登場し、その対策が示されていた。大正初期には、各地の府県条例の中で、…（略）…公衆衛生上の害悪を総称するものとして、「公害」という定義がされ…（後略）」とある。

環境省の環境白書のページで調べると、環境白書の章立てが1995年版と1996年版との間で大きく変化しているのがわかる。1995年版まで「公害」ということばが前面に押し出されていたのに、それ以降は公害ということばは、ほとんど消えているのだ。日本における公害を起こした会社のうち、チッソ（水俣病）、昭和電工（新潟水俣病）、三井金属工業（イタイイタイ病）のホームページを調べてみても、「公害」ということばは、ほとんど消えている状態である。国とかつての原因企業3社、つまりもっとも公害を忘れてはいけない組織が、「公害」ということばを遣っていないのは何を意味するのであろうか。「公害」という言葉には、「国と企業が行う悪行」という感化的内包がかぶさっている。国や企業が忘れたい、あまり世間に知られたくないと思っているのだろうか。

人間はことばによって世界を認識している。ある事物を表す適当なことばが存在しなければ、そのものはなかったことにされがちである。日本各地で起きていた経済活動にともなう有害物質の排出とそれによる被害は、「公害」ということばが一般化したことにより、はじめて統一された描像を獲得できたのである。したがって、「公害」ということばを忘却の彼方に追いやれば、公害そのものも亡き者にすることができるのである。実態は残るが、人々に意識されないようにすることができる。

果たして、そこまで考えて意図的におこなったかどうかはわからないが、ことばを消すことで実態を隠蔽《いんぺい》しようとする意図だとはいえないだろうか。そのような印象をもたせてしまうのである。環境白書の転換が起きた1996年は、日本中がバブル経済崩壊後の不況にあえいでいた年であったことは印象的である。経済の立て直しが最優先という雰囲気の中で、環境白書は公害ということばを捨てたのである。ここに公害の落としあな（陥穽《かんせい》）がある。これも第2章第4節で扱ったことばの魔術の一つといえよう。

第3章注

（1） Korzybaski,A.(1958) Science and sanity, 4th edition. The International Non-Aristotelian Library Publishing Company.

（2） Hayakawa,S.I.(1949) Language in thought and action.（大久保忠利訳『思考と行動における言語』岩波書店，1985年）

（3） 宮本憲一『日本の環境政策』大月書店、1987年

Column 2

ことばの機能

ことばを使用する意義のことを「ことばの機能」という。人間がことばにどのような役割を与えているかをみることは、ことばと人間とのかかわりを考える上で重要な点といえるだろう。

ここでは、一つの例として、キャロル(1)による考え方を紹介する。彼は、ことばの主要な機能を次のようにあげている。

① 個人個人がお互いに伝達し合う反応のシステムとしての機能（個人間伝達）

② 個人の思考や動作を容易にする反応のシステムとしての機能（個人内伝達）

要するに、伝達におもな機能があるというわけである。

現在、一般的には、ことばの機能については、伝達と思考の二つに分けて考えられる場合が多い。これらの機能はどのように表れているのだろうか。筆者の行動観察記録の事例から考えてみる。

伝達機能

ことばの最大の機能は、それを介して互いの意思の疎通（コミュニケーション）をはかることにある。

6か月　大きな声で泣く。泣くときの状況を観察してみると、おなかが空いているとき、抱っこしてほしいときが多い。泣き声が女児の欲求を伝達する手段となっている。

11か月　「バババババ」「ブブブブブ」「マンマンマンマンマ」などといって親に話しかけてくることがある。喃語を伝達の手段として、明確に用いるようになる。

1歳1か月　座っている母親につかまって立つ。そのまま母親の身体につかまりながら歩いて背中に回り、両手をついて立って「ナイ」「ナイ」という。母親は「Aちゃんイナイ、どこにいったかな?」という。Aは大喜びでキャッキャッと笑い、「ナイ」という。一語発話で伝達が成立している。

いずれの場合も、音声が伝達の機能を果たしていることが認められる。しかし、伝達の手段は、成長にしたがって、泣き声～喃語～語彙へと変化していることがわかる。

思考機能

1歳11か月　母親と買い物に出たとき、道幅は狭いが車の往来は激しい道路でのことである。Kは「ブーブーあぶないよ」といった。自分の考えを発話できている。

ことばと思考を分ける見解もあるが、この事例では、考えたことがそのまま発話されているといえよう。これはことばと思考が直接結びついていると認められる。これは幼児に多い独語である。

さらに、ルリア[2]は、伝達と思考だけをあげるのは不十分として、これらに行動調節機能を加えている。

行動調節機能

1歳3か月　ボールを投げるとき、「エイ!」とかけ声を同時に発する。ことばの行動調節機能が身についてきている。

3歳1か月　母親と一緒に買い物に行き、買ったものを自分でもつと主張する。しかし、買い物袋は想像以上に重い。こんなとき「Kちゃんは強いぞ。がんばるぞ」と自分自身を励まし、家まで荷物を運ぶ。

このように、はじめは大人のことばによる指示にしたがって行動を調節していただけのものが、次第に内在化されて、自分のことばによって自らの行動を調節していくようになる。やがて、「がんばれ!」など声に出していたことばは、音声化されずに思考へと変容していくのである。ヴィゴツキー(3)は、この音声をともなう発話を「自己中心言語」として、この「自己中心言語」の音声が消えていくにつれ、それが「内言」として成立すると考えた。

注

(1) キャロルは言語心理学者。この説明は、Language and thought, 1964.(キャロル、詫摩武俊訳『言語と思考』岩波書店、1972年)にある。

(2) ルリアは神経心理学者。母親が子どもに「これは茶碗」というと、子どもは茶碗を見る。母親が「おててたたいて」というと、子どもは拍手する。このように母親のことばは子どもの行動を調整するのであるが、子どもは、母親たち大人のこうしたことばによる命令にしたがいながら、行動調節の方法を身につけていく。自分自身に命令することばが、その子どもの行動を調節するようになるのである。ルリアは、自分の行動をことばによって調節すること、これが人間の精神活動を動物の行動から根本的に区別するものだとしている。これは、ルリア、山口薫・斉藤義夫・松野豊・小林茂訳『精神薄弱児』三一書房、1962年による。

(3) ヴィゴツキーは心理学者。ヴィゴツキー、柴田義松訳『思考と言語(上・下)』明治図書、1962年による。

第4章

二値的な考え方から多値的な考え方へ

第1節

二値的な考え方と多値的な考え方

二値的な考え方とは、ものごとを判断するときに、「よいかわるいか」「白か黒か」「好きか嫌いか」といった排他的な二つの極のもとでおこなう考え方のことである。

日常生活の中では、常に論議をつくしたあとで判断することが必ずしもおこなわれているわけではなく、右の二極のどちらかにたって、ものごとを決める場合がかなり認められる。二値的な考え方は、われわれの生活の中に入りこんでいると考えてよいだろう。

しかし、一般意味論では、この二値的な考え方に対する考え方として、多値的な考え方をあげて、この推進を提唱している。

　つまり、二値的な考え方から多値的な考え方へというわけである。

　多値的な考え方とは、右で述べた二つの極の間に、さまざまな程度や質の違いがあることを認めようとする考え方である。「賛成か、反対か」の二極でことを決めてしまうのではなく、両方の考え方を検討してみて、相手の極の考え方の中にも取り入れる考え方があることを認め、いわば第三の、さらには第四の考え方を提示していこうとする考え方である。

　二値的な考え方を、視点が動かないという意味で硬直した考え方とすれば、視点の移動をうながす多値的な考え方は、柔軟な考え方ということができる。

　別言すれば、多値的な考え方の推進は、拡散的思考の重視である。

　拡散的思考とは、「与えられた情報から新しいさまざまな着想や情報を生み出す思考」で、たとえば、図4－1のように、「新聞紙」から〝情報を得ること〟のみでなく、〝包み紙にすること〟や、〝ちぎって紙ふぶきにすること〟を考える

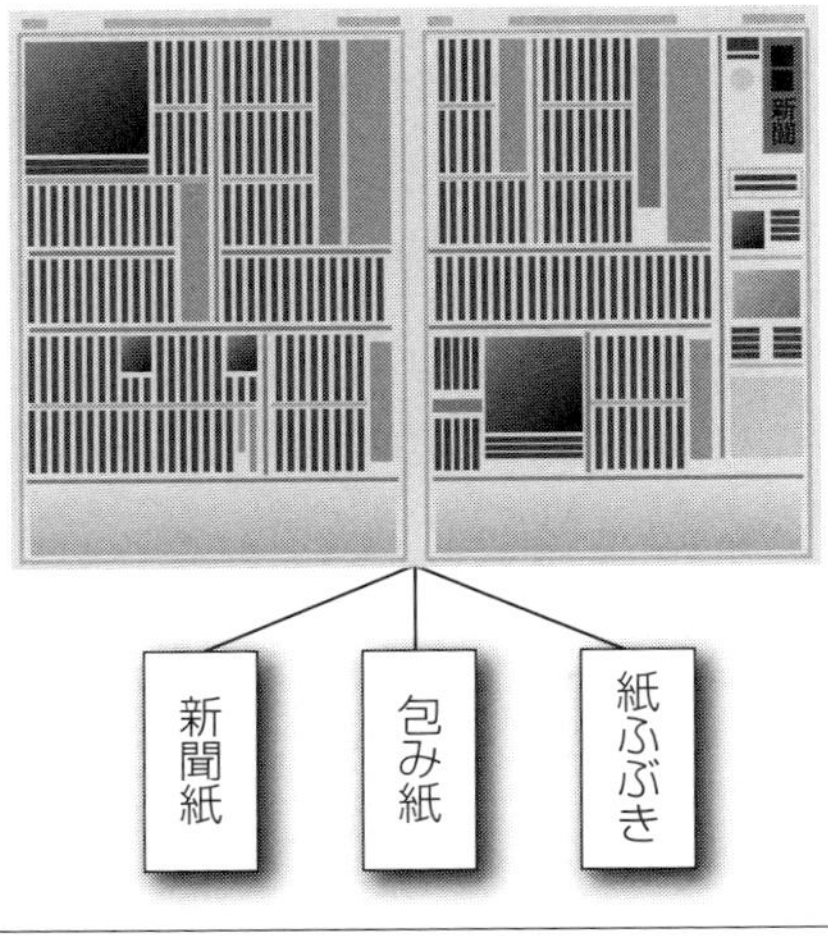

図4－1　「拡散的思考」の例

ような、拡げた思考を指している。

第2節 「である」の正体

辞典[1]によれば「である」は「断定の意味をあらわす」、「です」は「……断定の意味をていねいにいうことば」、「だ」は「ていねいな言い方としては「です」を使う」とあるように、「である」「です」「だ」は、いずれも断定を表すことばであるが、一般意味論では、この断定を表すことばの遣い方に注意をうながしている。「この子はわがままな子である」のように断定してしまうと視点を決めてしまう場合が多く、また、そこで使われたことばの独り歩きも考えられるからである。

したがって、こうした状態に対する対策が考えられなければならないが、これについては第10章の「教育の場の認知とことば」の問題でもあるので、そこで取りあげる。

また、「である」を含んだ次のいくつかの文に見るように、「である」には意味や用法の違いが認められるので注意する必要がある。[2]

① 人間は動物である。

② 彼女は美人である。

③ 警官は弱い者の味方である。

④　2たす2は4である。

⑤　ダイヤモンドはもっとも硬い鉱物である。

これらはいずれも、「AはBである」ということである。しかし、それぞれ次のように違っている。

①は、人間が動物という類に包含されること、あるいは分類されることを表している。

②は、分類を表しているとも考えられるが、むしろ、価値的判断、主観的評価を表している。

③は、当為として解釈できる。指令的意味である。

④は、数学で使われる分析的判断を表している。

⑤は、科学的に実証されうるという意味をもった判断を表している。

第3節　広告・宣伝のことば

辞典[3]によれば、「広告」とは「広く世間に知らせること。また、そのための文書など。〔狭義では、新聞・雑誌などに掲載する商業宣伝を指す〕。」

また、「宣伝」とは「そのものの存在・よさなどを大衆に分かるように説明して広めて行くこと。〔広義では、事実より以上に大げさに言いふらすことをも指す〕。」

――とあるが、ここで取りあげたいのは〝商業宣伝〟である。

〝商業宣伝〟では、視点が固定しているという意味で、ここで取りあげる意味が認められる。つまり、「白か黒か」ではなく、「白のみ」であることに注意する必要がある。

とくに、テレビから流れるコマーシャルは、映像・ことば・音により〝現実感〟をもたせていて、そのため、一方的な情報だという点への注意が欠落しがちになり、多値的にとらえることが難しいのだ。

一方的で二値的にすらなっていない情報が大量に流れている状況は、多値的に考えることが望ましいとする一般意味論の立場では、批判せざるを得ない。

また、新聞の〝商業宣伝〟の例として。写真につけられたキャプションを取りあげる。(4)

① 立体刺しゅうが鮮やか　高級感あふれるキャップ

② 高級感あるラム革製、使いやすい機能が魅力

写真があるとはいえ、多値的な視点をとることが難しいのは、テレビのコマーシャルの場合と同じである。

そして、ここでとくに取りあげたいのは、「高級感あふれる」「高級感ある」で使われている「高級感」である。抽象の段階が高く、感化的内包が高いことばで、事実よりも感覚に訴える点が強く、キャプションとして、そこに重点がおかれている。

第4節 ことばの魔術と思考

「ことばの魔術」については、その代表的なものとして感化的内包があげられ、第2章で、それについては述べている。しかし、ここでは、別の面として、とくに多値的な考え方を押さえる傾向が認められる事項を取りあげる⑤。

① 「お守りコトバ」――「雄弁は銀、沈黙は金」といって発言を封じる。

② 「同一視」――「子どもというものは……」「近ごろの若者は……」のように性急に一般化してしまい思考を発展させない。

いずれにしても、ことばを遣ううえで注意したい点である。

第5節

拡散的思考と作文

ここに、拡散的思考を中心とした作文指導があるので取りあげる。

方法として連想法を使うのであるが、多値的な考え方を前提とするだけに、思考の活性化をはかる手だてとして、作文指導のみならずほかの場面でも有効と考えられる。

この作文指導はすでに実践がおこなわれ、(6)心理学的な検討もおこなわれている。(7)作文を書く前に連想活動をするというもので、書き手の側からみると、以下のような手順である。

① 題目や主題について連想活動をする。
② 言語連想の方法で連想した言葉を書き出す。
③ 書き出した連想語を手掛かりとして文章を考える。
④ 連想語を適当に取り入れて文章を書く。

具体例を示す。

これは、中学校の2年生が「夏の思い出」という課題作文について、5分間の言語連想をおこなったあと、10分間で書きあげた作文である。サイドラインのところが連想語である。

連想語――①3、4歳のころ、②水遊び、③顔の傷あと、④母、⑤しっぷのにおい、⑥よっこちゃん、⑦たけこちゃん、⑧暑い、⑨しかられた、⑩プール、⑪たらい、⑫げた、⑬げんかん

作　文――夏の暑い日⑧だった。その日外で4つ上のよっこちゃんと⑥、5つ上のたけこちゃんが⑦、たらいに⑪水をはり、水遊びを②していた。私もさっそく仲間にはいろうと、母に④、「水遊びしてもいい②」と聞くと、母は④だめだといった。しかし私はどうしても遊びたいほうが先に立ってしまい、遊んでしまった。楽しかったことはもちろんである。その時、母④の姿が見えた。あわててかくれようとして、隣の家のげんかん⑬にかけこみ、上がろうとしたとたん、上がりはなにひたいをぶつけてしまった。3、4歳のころ①であるから、泣きだしたのはもちろん、ひたいがふくれあがったそうだ。自家製の、しっぷ薬のにおい⑤を、今でもなつかしく思う。

この方法の理論的背景は、いわゆるイメージが活発に刺激されている状態のほうが、そうでない場合よりも、作文で遣うことばの湧出を可能にし、作文を書きやすくするのではないかというところにある。そのため連想活動によって、イメージを活性化し、しかも連想語ということばでとらえさせることによって、言語化や文章化をさらに可能にしようというのである。

ちなみに、今までの実践から、次のような長所と問題点が指摘されている。[8]

長　所

① 連想法は、思考・イメージを活発にする。

②　連想法は、言語化・文章化の手がかりをつくる。
③　連想法は、作文への興味や関心を喚起《かんき》する。
④　連想法は、技能として客観化しやすい。
⑤　連想法は、作文の作成過程に関与する方法である。
⑥　連想法は、児童・生徒にわかりやすい。

問題点

①　文章構成力の育成という点が弱い。
②　連想語が平凡なものばかりになる可能性がある。

この方法については、作文量のみについてであるが、実験的研究によると、作文を書かせる前に言語連想をおこなった群は、おこなわなかった群よりも、作文を書く量に増大が認められ、それはとくに、作文を書く量が少ない児童に顕著に認められたとのことである。

なお、連想時間は5分であるが、作文時間を30分とった実践例も報告されている。(9)

第4章注

（1）村石昭三編『チャレンジ国語辞典』福武書店、1991年

（2）井上尚美「「である」の正体を知れ」井上尚美・福沢周亮『国語教育・カウンセリングと一般意味論』明治図書、1996年、25～26頁

（3）金田一京助・柴田武・山田明雄・山田忠雄編『新明解国語辞典　第四版』三省堂、1989年

（4）『日刊スポーツ』（2016年6月7日）日刊スポーツ新聞社

（5）大久保忠利『コトバの魔術と思考』春秋社、1953年

（6）福沢周亮・西田正源・青柳隆一「拡散的思考へ挑戦する授業研究」小口忠彦・辰野千寿編『講座　授業と学習心理学　5巻』明治図書、1975年

（7）平山祐一郎『作文指導における言語連想法の効果　――その心理学的分析――』風間書房、2002年

（8）福沢周亮『改訂版　言葉と教育』放送大学教育振興会、1995年

（9）鈴木治・井上尚美・福沢周亮編『国語科における思考の発達』明治図書、1972年

Column 3

ことばと記憶

ことばについて考えるとき、記憶が一つの重要な側面であることは、改めて述べるまでもないであろう。ことばを理解するにしても、使用するにしても、記憶された状態にあるからこそ、その働きが可能になるからである。

記憶におけることばの働き方に焦点を合わせた場合、従来からの機械的記憶と論理的記憶に分ける考え方はわかりやすい。

前者は、記憶材料を意味的に関連づけたりまとめたりしないで、いわば機械的にそのまま反復して記銘する記憶で、たとえば、左の数字の列を覚えようとするとき、3、7、1、2……とはじめから記憶するのが、これにあたる。

3 7 1 2 1 6 2 1 2 5 3 0 3 4 3 9 4 3 4 8 5 2 5 7 6 1 6 6

後者は、記憶材料を、その全体的意味や構造、または文脈や連想関係などに基づいて記銘する、つまり符号化をおこなう記憶で、意味的記憶ともいわれる。

右の数字の列を覚える場合、この並び方の中にある一つの規則を手がかりとするわけで、その規則と「3」が最初であること、数字が「28個」であることを覚えておけば、この数字の列を記憶しておくことは可能というわけである。ちなみに、その規則とは、前の数に「4」を足し、次には「5」を足すというもので、左のようになる。

3 7 12 16 21 25 30 34 39 43 48 52 57 61 66

4 5 4 5 4 5 4 5 4 5 4 5 4 5

同じ記憶という働きのなかにも、ことばがより関与している記憶とそうでない記憶が認められるのである。したがって、何かを覚えるとき、符号化を工夫すると記憶しやすいことになる。電話番号の「２７６４」や「４６２３」を覚えるのに、「２７６４《ふなむし》（舟虫）」や「４６２３《よむふみ》（読む文）」とするのは、その例である。

なお、記憶を、エピソード記憶（時間的、空間的に定位された経験の記憶」と意味記憶（知識の記憶）に分けた場合には、ことばは、後者に、より関係する。[1]

注

（1）太田信夫編『エピソード記憶論』誠信書房、１９８８年

第5章

地図と現地

——地図としてのことば——

一般意味論では三つの原理があげられているが、とくに次の二つは、ここで取りあげる問題に直接の関係がある。

非同一の原理——（地図は現地ではない）

ことばは、それが指示するものそのものではない。

非総称の原理——（地図は現地のすべてを表すものではない）

ことばは、何事につけても、そのすべてをいいつくすことはできない。

この考え方を基礎にして、ことばを考察すると、ことばを身につけることは、地図をつくることになる。しかも、その地図は、以下に取りあげる仮説を基礎にすると、そのことば特有の世界がつくられるということになる。

第1節 サピア・ウォーフの仮説

ここでは、とくに〝地図としてのことば〟に焦点を合わせた話題を取りあげる。

これは、結論が出ているとはいえないのであるが、たいへん興味ある問題として、ことばと認知の領域で取りあげられている仮説である。

サピア・ウォーフの仮説（the Sapir-Whorf hypothesis）で、ウォーフの仮説（the Whorfian hypothesis）、ウォーフの命題（the Whorfian thesis）、ウォーフ主義（Whorfianism）ともいわれる。

また、認知がことばに依存すると考えるため、言語的相対性仮説（the linguistic - relativity hypothesis）とも、ことばのまとまりごとに独特の世界観ができるという意味で、言語的世界観仮説（the linguistic Weltanschauung hypothesis）ともいわれる。

これは、ことばがそれを使用する者の認知に影響するという考え方で、サピア（Sapir, E.）(1)とウォーフ（Whorf, B. L.）(2)が、次のように述べている。

サピアによれば、「人間は自分たちの社会にとって表現の手段となっているある特定の言語に多く支配されているのである。…（中略）…事実は『現実の世界』というものは、多くの程度にまで、その集団の言語習慣の上に無意識的に形づくられている……（後略）」のである。ウォーフによれば、「いかなる個人といえども自然を絶対的な中立的な立場から描写することができず、自分では全然そうではないと思っていても、実はある種の解釈の仕方を強いられるということである。…（中略）…すべての観察者は、その言語的背景が同じであるか、または、何らかの形で統一化されうるようなものでない限り、同一の物理的現象から出発しても同一の宇宙像を描くとは限らない、という主張である……（後略）」である。

ただし、サピア、ウォーフともに、はっきりした形で仮説を出していないこともあって、この仮説は肯定すべきなのか否定すべきなのか、明確な線が出ていない。

しかしながら、ウォーフは、火災保険会社に勤めていて、火事の原因を分析する仕事にたずさわっており、空っぽのドラム罐が火災の原因になったり、石灰置場から発火していることを知った。そして、空き罐（empty drums）や石灰（limestone）に、人々が反応していることがわかった。出火の原因は、「ことば」にあったのである。つまり、事実に反応しているようにみえて、実はことばに反応しているのであり、地図と現地の混同を指摘できるのである。

また、認知にことばが関係する端的な例をあげよう。

図5－1で、[3] aのまとまりと、bのまとまりの、それぞれで真中にある形は、aではH、bではAと読めるであろう。

物理的には同じ形でも、それぞれのまとまりが一つのことばを表しているため、そのことが、それぞれのまとまりの認知の際に影響を与えると考えられるのである。

図5－1　THEとCAT（Selfridge, 1955）

第2節

デールの「経験の円錐」

ことばには、「地図と現地」の場合の地図として、抽象の段階がいくつもあることを指摘してきたが、現地にあたる経験の側にも、さまざまな段階が認められる。

デール（Dale, E.）[4]は、それを「経験の円錐」として、図5－2のように表した。ことばの抽象の段階を下りることが重要な場合であっても、常に「直接的・目的的経験」にまで下りることができない場合があることを認識しておく必要が認められる。

したがって、経験のもつ条件を理解しておくことが重要なのだ。

ここに、同じ〝刺激〟を与えられても、スキーマが異なるため、つまり経験や知識の内容が異なるため、異なって理解する典型的な例を落語「こんにゃく問答」[5]

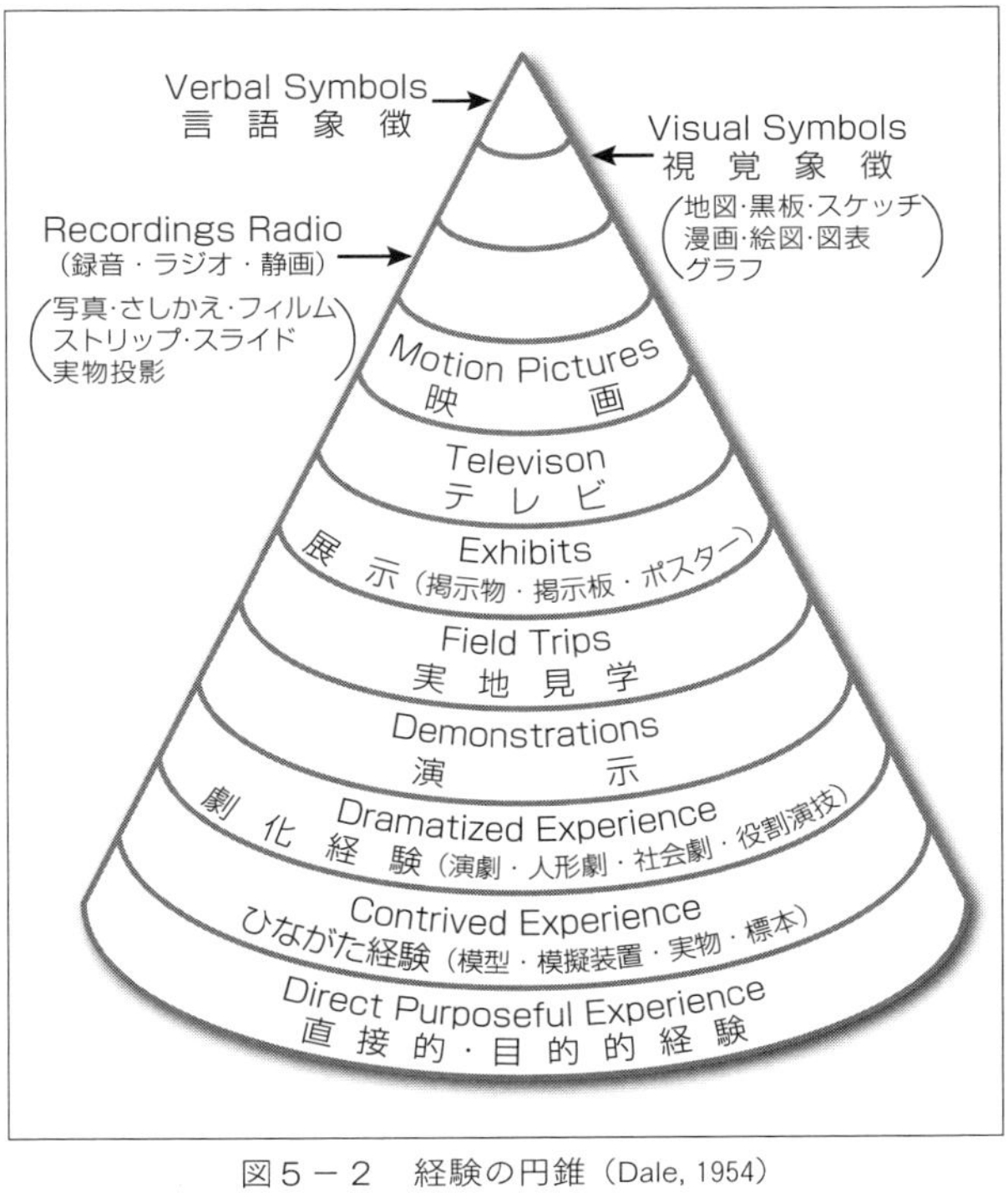

図5－2　経験の円錐（Dale, 1954）

にみることができる。

すなわち、旅の僧とこんにゃく屋の六兵衛が身振りで問答をするのであるが、旅の僧が「十万世界は」という意味で両手の十本の指を突き出すと、六兵衛が「こんにゃく十丁でいくらだ」と解するのである。

経験・知識による理解の違いを指摘できる。

また、現在のように、テレビなどによる映像が情報として大きな役割を果している状況では、映像のもつ条件について、よく知っておく必要が認められる。

すなわち、ほかでも触れたことがらであるが、映像は「カメラ」によって選択された結果であることが、第一の注意点である。

また、映像と共に「ナレーション」が加わっている場合には、それによって、観ている者の視点が決められてしまうことが多い点にも注意したい。

第3節

比喩

「地図と現地」という考え方を基盤にすると、比喩についてはどのように考えたらよいだろうか。「比喩」とは「説明や記述の内容を・印象強く（分かりやすく）するために、適当な類例や形容を用いること。たとえ」[6]とあるように、〃わかりやすく〃するために用いられる。

例をあげてみよう。

① りんごのようなほっぺた
② 鏡のような海

確かに、「りんご」と「ほっぺた」、また「鏡」と「海」について、それぞれの共通点を見いだすことができれば〝わかりやすい〟といえる。しかし、次のような点に注意することが必要である。

① 論理的な説明が必要な場合には、単に比喩をあげるだけでは説明にならない。
② 比喩には限界があることをわきまえておく。

右の①では「りんご」といってもいろいろとあり、仮に、その〝球状〟であることをレファレントと考えても、大きさが不明である。また、〝赤い色〟に焦点を合わせても、その濃淡や色の範囲は不明である。
②の「鏡」のレファレントにしても、〝透明な感じ〟なのか〝平坦な感じ〟なのか、または〝静かな感じ〟なのか不明である。
つまり「現地」が明確になるわけではないのだ。遣う場合には要注意というゆえんである。

第4節

「凍死」の意味

かつて新聞にこんな記事が載ったことがある。(7)

一般に「凍死」という現象に対して大きな誤解がある。「凍」という字のせいか、気温が零下になって冷凍魚か何かのように凍って死ぬことだと思われがちだ。実は、真夏の登山シーズンにでも、毎年必ず、日本アルプスあたりでは凍死者が出ている。大量には出ないから目立たないだけだが、その原因はほとんどが冷たい雨でぐしょぬれになった結果だ。

ぬれゾウキンのようになった下着を何時間も着ていると、どうなるか。体温は乾いた衣類の二十数倍のスピードで奪われる。死の危険には、体内の、たとえば直腸温度でいう場合、わずか六、七度さがるだけで十分である。魚やトカゲと違って、人類は温血（恒温）動物なのだから。

要するに、〝凍死〟の「凍」の字のために、誤解があるという指摘であるが、漢字の熟語には、遣い手の推論が入り、明確に通達的内包を伝えることが難しい場合があるので注意したい。以下に、その例をあげる。(8)

爆笑《ばくしょう》――おかしな話を聞いて、その場に居る人が一斉にどっと吹きだすようにして笑うこと。
哄笑《こうしょう》――大声で笑うこと。

大笑《たいしょう》――大笑い。
憫笑《びんしょう》――かわいそうなやつだと思って笑うこと。
嘲笑《ちょうしょう》――ばかにして笑うこと。

いずれも〝笑っている状態〟を指していて、その点では事実であっても、笑いの状態については使い手の推論が入っていて、客観的な表現には向いていないのである。

第5節　擬態語・擬音語

擬態語・擬音語については、別に「語音象徴」として心理学からの考察を取りあげるが、ここでは、「地図と現地」という点から考察する。

擬態語・擬音語の特徴は、通達的内包が弱く、感化的内包が強い点にある。かなり定着しているようにみえることばでも、通達的な意味があいまいであることが多い。

例をあげてみよう。

① 折から、どの線かの列車が入ったと見えて、陽ざしの明るい往来を、一としきりの波がゾヨゾヨと流れて行った。(9)

「ぞよぞよ」とは、「虫などの多く集まったさま。ぞろぞろ」と辞典[10]にあるように、通達的内包の点では「ぞよぞよ」も「ぞろぞろ」もほとんど同じと考えられる。しかし、書き手の主観が入った感化的内包の点で違いが認められる。

② フモウがちらちらわらいました。[11]

「フモウ」は、童話の中の魚の名前であるが、「ちらちら」は辞典[12]では、「①細かい物が散りひるがえるさま。②小さい光がひらめくさま。③目さきに何物かが現れたり消えたりするように感じられるさま。連続的でなく、ちょっとずつ見るさま。④おぼろながら、少しずつたびたび見え、または聞こえるさま」とあり、「ちらちらわらいました」は通達的内包があいまいである。

要するに、右の①②ともに〝現地〟がはっきりしないのだ。

しかし、「ゾヨゾヨ」にしても「ちらちら」にしても、それぞれの語音がもつ感化的内包は、いわゆるイメージや感情的雰囲気をつくり出して、独特な雰囲気を表現している。いわば特有な〝現地〟ができているのである。したがって、擬態語や擬音語のこうした働きは、次のような効果を生み出す。

③の文に、④⑤⑥のように、さまざまな擬態語・擬音語が加わることによって、独特な雰囲気がうまれるのである。[13]

③ 朝起きて電話をかけてから、ミルクを飲んでパンを食べた。

④　朝ピャッと起きてピャーピャー電話をかけてから、スイーとミルクを飲んでパンをスイスイ食べた。
⑤　朝ビョッと起きてビンビン電話をかけてから、ビーとミルクを飲んでパンをバンバン食べた。
⑥　朝ガッと起きてガンガン電話をかけてから、ガーとミルクを飲んでパンをガシガシ食べた。

もちろん、擬態語・擬音語にも、弱いとはいえ通達的な意味があるため、右の③④⑤⑥のすべてが同じ通達的内包をもっているとはいえない。しかし、ほとんど同じといえるだろう。それが④⑤⑥にみるように、かなり異なる印象を与えられるのは、加えられた擬態語・擬音語によるのである。これらが感化的内包を引き受けているわけで、④⑤⑥は、いわば、擬態語・擬音語以外（通達的内包の大部分と感化的内包のごく一部）と擬態語・擬音語（感化的内包の大部分と通達的内包のごく一部）の二重構造になっているのだ。

こうしてみると、文章の雰囲気づくりに効果があることは、擬態語・擬音語の〝プラスの面〟といえる。しかし、前面に出るのが情緒的な色彩の濃い面で、論理的な面が欠落しがちになるのは否定できない。つまり〝マイナスの面〟が認められる。こうした文章では、いわば雰囲気に押されてしまって論理を誤解する可能性が高いのだ。〝現地〟を誤るのである。読むにしても書くにしても、右の点への配慮が必要である。

第５章注

（１）　The Status of Linguistics as a Science. 1929.（エドワード・サピア、池上嘉彦訳「科学としての言語学の地位（抄）」『文化人類学と言語学』弘文堂、１９７０年）

(2) Science and Linguistics. 1940.（エドワード・サピア、池上嘉彦訳「科学と言語学」『文化人類学と言語学』弘文堂、１９７０年）
(3) Neisser, U. Cognitive Psychology. 1967.（オリバー・セルフリッジ、大羽蓁訳「科学と言語学」『認知心理学』誠信書房、１９８１年）
(4) Dale, E. Audio-Visual methods in teaching. Reviseded. 1954.
(5)「こんにゃく問答」『落語文庫：松の巻』講談社、１９７６年、71～86頁
(6) 金田一京助・柴田武・山田明雄・山田忠雄編『新明解国語辞典　第四版』三省堂、１９８９年
(7) 本多勝一『「凍死」を考える』『朝日新聞』（１９７２年3月26日）朝日新聞社
(8) 前掲書（6）
(9) 石坂洋次郎『青い山脈』新潮文庫、１９９２年
(10) 新村出編『広辞苑　第四版』岩波書店、１９９１年
(11) 香山彬子『おばけのカスパン』講談社、１９７６年
(12) 松村明編『大辞林』三省堂、１９８８年
(13)『朝日新聞』（１９７３年9月15日）朝日新聞社

Column 4

ことばと思考

人は、ほかの動物と比べることができないほど、高度に抽象的な思考ができる。それを可能にしているのが、ことばである。

ことばには、「伝達」「思考」といった機能があることをコラム②で紹介した。「伝達」が、社会的な人と人との間でおこなわれることばの機能であるとするならば、「思考」は、個人の内部におけることばの機能だといえる。「どうしようか、あっ、こうしよう!」など、心の中で対話することを自己内対話と呼び、そのようなことばを内言と呼んでいる。

ヴィゴツキー[1]は、内言が発生する過程を次のように考えた。

① 原始的な前言語的段階:この段階では、まだことばによる思考はおこなわれていない。

② 因果関係や仮言法(条件による場合分けなど)について十分理解できていない段階:幼児は「だって」「もし」などの論理的関係性を表すことばを用いることがある。しかし、まだ十分に使いこなせていない段階である。

③ 外的記号や外的操作を用いて思考する段階:外的記号とは、おはじきなどのことである。また、外的操作とは、数えるのに指を使うなどである。自己中心的な言語はこの段階で生じるとされている。

④ 思考が内向化する段階:指を使って数えたり、声に出して行動調整をする外的操作(「やってみよう!」など)が内化し、暗算をしたり、内的な記号を用いて思考することができる段階である。

ヴィゴツキーは、この第4段階で内言が完成するとしている。

内言と類似したことばに自己中心言語と呼ばれる発話がある。スイスの発達心理学者ピアジェ[2]は、幼児の遊びや活動を観察し、幼児の発話には他者に向けられた社会的言語（要求、質問、情報の伝達など）と、他者に向けられたものではない発話（独り言、活動や思考に際して発せられる「どうしようか、あっ、こうしよう!」など）があることを見いだした。ピアジェは、後者を自己に向けられた自己中心的なことばとして、自己中心言語と呼んでいる。幼児は集団の中でも独り言を話すことがあるが、これも自己中心言語の一種である。

ピアジェの観察によれば、自己中心言語は5歳ぐらいまでは発話の6割、8歳を過ぎると低下し、やがて見られなくなる。したがって、ピアジェは自己中心言語をやがては消失する不完全なことばだと考えたが、ヴィゴツキーは、自己中心言語は内言の前段階であると考えた。そのため、ヴィゴツキーは、自己中心言語を外言から内言へことばが発達する中間の段階に現れるものと考え、自己中心的思考との関係はないとした。音声化されている点では、自己中心言語は外言と同じであるが、その心理的機能は内言と同じで、合理的、合目的な論理をもっており、これは、自己中心的思考とは逆の立場になるとするのである。

では、本コラムでは、子どもがことばを覚えることと、思考の発達とはどのような関係があるかについて考えてみよう。自己中心言語の存在は認めても、自己中心的思考とは無関係と考えたところに、注意したい。

ここでは、ヘレン・ケラー自叙伝（「奇跡の人　ヘレン・ケラー自伝」）[3]の中の「愛」ということばを理解したときのことを紹介する。

ある朝、サリバン先生は「ヘレンのことを愛しているわ」とつづった。ヘレンは「愛って何?」とたずねる。サリバン先生はヘレンを引き寄せ、彼女の胸を指して言った、「ここにあるわ。」

しかし、ヘレンはこの答えにひどくとまどった。「愛って、花のいい香りのこと?」「太陽の暖かい日差しのこと?」とヘレンは次々に聞いていくが、サリバン先生は、首を振り続ける。なぜ、サリバン先生は「愛」を具体的に示してくれないのだろう、とヘレンはがっかりしながら考えていた。ヘレンはこのときにはまだ、手に触れられない、抽象的なものも名前をもち、ことばで表現できるのだということを知らなかったのだ。

ヘレンはさらに、「愛」の意味を考え続けた。サリバン先生は、指文字をつづって説明する。「雲に触ることはできないでしょ？　それでも雨が降ってくるのはわかるし、暑い日には、花も乾いた大地も雨を喜んでいるのがわかるでしょ？　それと愛は同じなのよ。愛も手で触れることはできません。だけど、愛が注がれるときのやさしさを感じることができます。愛があるから、喜びが湧いてくるし、遊びたい気持ちも起きるのよ。」

ヘレンは、次のように書いている。「その瞬間、美しい真理が、私の脳裏にひらめいた――私の心と他の人の心は、見えない糸で結ばれているのだ。」と。ヘレンは「愛」ということばを一生懸命に考え、理解したことで、ことばは抽象的な概念にも名前をつけることができるのだということを知った。

注

（1）ヴィゴツキー、柴田義松訳『思考と言語（上・下）』明治図書、1962年
（2）ピアジェ、大伴茂訳『児童の自己中心性』同文書院、1954年
（3）ヘレン・ケラー、小倉慶郎訳『奇跡の人　ヘレン・ケラー自伝』新潮文庫、2004年

第6章

報告と推論

――事実を述べることは難しい――

第1節

報告と推論

報告とは、観察にもとづいた事実を述べることで、推論は報告されたことがらにもとづいて、抽象したり、ほかの経験と関係づけたりして、まだ知られていないことを述べることであると、リー（Lee, L. J.）[1]は報告と推論の違いを次のようにまとめている。

事実の報告

① 観察したあとでなければできない。

② 観察可能の範囲内にとどまる。
③ 数が限定されている。
④ 確認につながる。
⑤ 誰もが認めることができる。

推論

① いつでもできる。
② 観察可能の範囲をこえてなされる。
③ 無制限にいくらでもできる。
④ 必ずしも確認につながらない。
⑤ 人により異なり、必ずしも一致できない。

こうしてみると、報告と推論は分けることができ、報告は、事実について言語化したものということができる。しかし、「あの子は、おこっている」といったら、それは単なる報告ではなく、発言者の推論が入っていると指摘できる。

たとえば、「あの子」について、次のような事実がある。

① おもちゃを3メートル投げた。

② 絵本の表紙を1枚破いてしまった。

③ 名前を3回呼ばれて返事をしなかった。

こうした事実を基礎にして、「おこっている」という言語化が報告としておこなわれたわけであるが、このことばは、これらの状況の言語化として唯一のものではない。

「いらいらしている」

「憤慨している」

「気にいらないのだ」

——などが可能だからである。

つまり報告に推論が入ってきているのである。

また、次のような事実についての報告がある場合、文字どおりの辞書的意味、すなわち一般意味論でいう通達的内包を理解するのは、この報告の理解についてのベースになる。

ぼくは、16歳のとき、100メートルを11秒で走ったことが3回あります。

しかし、この報告を聞いたり読んだりしたときに触発される感想は一様ではない。次の①②は感想の例である。

① これはかなりの記録だ。

② 運動会の100メートル競走は嫌だった。

文字どおりの辞書的意味が伝わる報告であっても、そこに推論が入る可能性が認められ、文字どおりの報告が必ずしも伝わらない場合が認められるのだ。

第2節 報告のことば

報告で使うことばについては、感化的内包が高いことばは望ましいことではなく、報告そのものについて、できるだけ通達的内包を伝えることを心がけたものでなければならない。

しかし、使われることばによっては、報告に、その影響が出ることになる。客観的に述べたつもりでも、使うことばによって、その客観性がゆらぐのである。

例をあげてみよう。

①Ａ「百貨店で買いものを」
Ｂ「デパートでショッピングを」
②Ａ「ふだん着」
Ｂ「カジュアル・ウェア」
③Ａ「女子事務員」「女子社員」
Ｂ「オフィス・レディー」「キャリア・ウーマン」

これらは『コンサイス　カタカナ語辞典　第二版』[2]からの引用であるが、同じ事実についてのことばである。したがって、通達的内包は同じといえるが、①②③とも、ＡのことばよりもＢのことばのほうが、高い感化的内包をもっているといえるだろう。

事実の報告であっても使われることばによる影響を認めざるを得ないのだ。

報告のことばは、できるだけ感化的内包を押さえたことばであることが望ましいのである。

第3節
テレビによる報告

テレビのニュース番組を取りあげる。ここで流される情報も、事実を伝える報告ということができるからである。

しかし、テレビが事実を写しているとしても、それは事実そのものではなく、カメラが選択した結果である。たとえば、劇場で実際におこなわれていることを事実1とすれば、カメラによって選択された結果は事実2、つまり「事実」といえるだろう。抽象の段階が一つあがるのである。

したがって、これが事実であるということで写された結果も、抽象の段階があがっていることを知らないと、ときに思わぬ方向へもっていかれることになる。

テレビがもつ、ラジオや新聞などと違う強みは、映像を中心としていて、より直接的に伝えることであるが、そこに映る映像は、ラジオや新聞と同様、括弧づきの事実だという認識が必要なのである。

次に紹介する『テレビを見ざるの弁』(3)は、右に述べた状況を反映している。

……演劇の中継はありがたいのですが、カメラの眼にこちらの眼を強制させられることに不満があります。例えば、舞台上のAの表情なり仕草なりが見たいと思うとき、カメラはBなりCなりをとらえている場合が往々にしてあることがあります。

……国内、国外のさまざまな風物の紹介は、いちばん、心をひかれるものでありますが、これとて、演劇中継の場合と同様にカメラの眼に強制されること、また、時間の制限で駆足だったり、そそくさと終ったりすることがあり、そんなときは、食いかけた桃を落っことしたような、侘しい落胆を味わうのですから、三道楽を廃してまで見る気になれません。

ところで、テレビの映像中心ということは、映像のもつ条件に大きく左右されることを意味している。一般意味論の立場からは、抽象の段階の低いところで内在的意味の形成がおこなわれるといえるだろう。

もともと映像であるため、それはまず非言語的段階にあるが、その内在的意味の形成は、もっとも一般的な知識から起こると考えられる。

自転車や自動車が映し出されると、「自転車」とか「自動車」という理解がまずあって、その映像の内在的意味が形成されていく。そのため、おそらく抽象の段階が少し高い「乗り物」という理解は、起こるにしても、その後であろう。つまり「乗り物」を映すことはなかなか難しいのである。

図６－１　「込み合う車」（「交通戦争」）

抽象の段階が、さらに上になる「交通戦争」になると、映像だけでわかってもらえるか否かは疑問だ。抽象的なことがらが映っているようにみえるのは、そこにことばが加えられているからで、ことばにより映像が規定されることによって、内在的意味が形成されるのである。

したがって、テレビは映像が中心であるといっても、ことば抜きで考えるわけにはいかない。映像にことばが加わって伝達能力が強力になっているのである。しかし同時に、あくまで映像に中心があるため、その点での制約を受けるという皮肉な結果になっていることにも注意を向けておく必要がある。テレビの論理の運び方は、一種の具体的思考であり、抽象の段階が低いところでの思考なのである。

括弧づきの事実と右の〝テレビ的思考〟の接点にあるテレビの映像は、かなり気をつけないと、事実から目をそらせたり、思考を鈍化させる働きをするように考えられる。

第4節　新聞による報告

新聞とは「社会の出来事の報道・批判を、すばやく、かつ広く伝えるための定期刊行物」(4)ということで、まず報告が中心になる。

どのような立場に立つにしても、報告のことばとしては通達的内包が中心にならざるを得ないだろう。

しかし、実際には、先に「報告のことば」で述べたように、選択されたことばによっては、発言者の主観や推論が表現されることになる。つまり感化的内包が加わるのである。

例をあげてみよう。

以下の報告は、大学野球で守備も攻撃も好プレーをした選手を見た際の、プロ野球球団の3人のスカウトの報告である。(5)

① 守備はプロの一軍レベル。打球の正面に入るのがうまい。

② スピード感がある。リストが柔らかいから厳しい球も打てる。今年は内野手が少ないこともあり目立つ。

③ 華がある。足も速くて振る力もある。総合的にいい。上位に入ってくる。

これらは、報告というよりも、スカウトという役割上の価値判断が入っていて、〝感想〟になっている。

とくに「華がある」は、抽象の段階が高いことばで、事実がはっきりしないという点で、感想にしても問題をもっている。

たとえば、「プレーに華がある」「守備に華がある」「行動に華がある」「容姿に華がある」のように、抽象の段階をやや下りたことばが入ると、事実に近づく表現になる。

第6章注

(1) Lee, L. J. (1956). Handling barriers in communication.

(2) 三省堂編修所編『コンサイス　カタカナ語辞典　第二版』三省堂、2000年
(3) 田岡典夫「テレビを見ざるの弁」『言語生活』264号、1973年、33〜35頁
(4) 新村出編『広辞苑　第四版』岩波書店、1991年
(5)『日刊スポーツ』(2016年6月7日) 日刊スポーツ新聞社

第7章

エトセトラ

——ことばではいいつくせない——

第1節 エトセトラ（ETC）をつけよ

一般意味論では、われわれはすべてを語りつくせないのだから、どんな文章にも、いい残した側面が必ずあるという意味で、ETC（等：とう、など、等々：とうとう）をつけようと述べている。国際一般意味論協会の機関誌に、ETCを題名としてつけているのも、そのことの主張のためである。

このことは、また、Non-Allnessということばでも表している。ことばは、もののすべてを表すことができない、また、われわれはすべてを知ることはできない、といったことを示している。

ただし、同じいいつくせないといっても、以下の例のように、発信者の側のことばの遣い方に微妙な違いが認められる点に注意したい。

次のようなことばは、もともとレファレントが明確でない表し方で、これらのことばの中心的な効果は感化的内包である。

①「街を元気にする」の「元気にする」

②「美しい時間」の「美しい」

③「活気のある生活」の「活気のある」

①②③とも、抽象の段階が高いことばで、抽象の段階を下りて具体的な事実を求めても、どのような状況を指すのか明確ではない。

また、次のように実際を見てきた場合でも、つまり使う側ではかなり明確であっても、受け取る側では、受け取り手の経験や知識の範囲で理解するため、両者間に食い違いが出る可能性が大きいのである。

④「山へ行ってきた」の「山」

⑤「馬を見てきた」の「馬」

⑥「青色をしていた」の「青色」

したがって、右の①②③はもちろん、④⑤⑥についても、抽象の段階を下りたことばが必要で、それでもエトセトラにあたるものが残ると考えられる。

第2節 いいたりない感想

第6章の「報告と推論」とかなり重なるが、ここでは別の観点、すなわち評価という点を加えて取りあげる。「感想」には、発言者の、事実に対する報告のみでなく推論も入るし、評価も入ることが多い。しかしながら、次のような発言は、いいたりないのであって、感想として中途半端になっている。

例をあげる。

「この子はおちつきがない」という感想は、次のようないいたりない部分があるため、感想として不十分である。

「この子はおちつきがない」と、「私は判断する。」
「この子はおちつきがない」と、「テスト結果に出た。」
「この子はおちつきがない」と、「3人の人にいわれた。」

要するに、「この子はおちつきがない」という評価が、どこから出ているかということを明確にすることがポイントである。

したがって、「みんながそのようにいっている」「誰もそのように考える」といったことばが問題になるのは、「みんなが……」「誰も……」といったことばに問題があるのであって、こうした漠然とした人々を中心としているため、全体が、ある種の感化的内包を伝えても、通達的内包はほとんど伝わらないのである。やはり抽象の段階を下りて、「みんなが」「誰も」の事実を明らかにすることがポイントになる。

第3節 表記が伝えるもの

(1)「カタカナ語」の場合

第2章で内在的意味の問題について、ネーミングを取りあげているが、ここでは、「名づけ」「命名」における表記が伝えるものを取りあげる。ちなみに、ネーミングとは「名づけ、命名。特に広告・宣伝で、新製品に名前をつける場合をいうことが多い」[1]とのことで、ここでは「名づけ」「命名」で取りあげる。

まず、次の指摘[2]を見ていただきたい。

世界の主要言語のなかで日本語は、外国語の語彙を輸入する猛烈さにおいては、きわめて特異だといえる。

漢語は、すでに完全に日本語に同化されてしまったので、いまさら外来語ともいえないほどになっている。だが、その漢語に加うるに、現代の日本人は、日常生活を無事に送るためには少なくとも二千の外来語、それも主に英語からの外来語を知る必要がある。知識人なら、五千語は知っているはずだ。それにくらべて、フランス語やアラビア語は、なるたけ外来語を押さえ、自国語のなかから新語を作ろうと懸命に努力している。

また、次の指摘(3)を見ていただきたい。

私はさる有名なホテルのレストランで食事をしていた。メインコースが終って、給仕の女が近づいてきた。果物は何がありますか――私は日本語でそう聞いた。「はい、ストローベリーが……」私は、これがわからないのである。苺（いちご）というのは、完全無欠な日本語じゃないか。日本人は昔から苺を食べてきたのだし、「苺」とひとこと言えば三歳の童子でも理解することができる。それなのに、田舎の中学を出て集団就職で東京に出てきたばかりの（と私には見えた）ウェートレスは、眉一つ動かさずに「ストローベリー」と言ってのけるのだ。

さらに、次の指摘(4)を見ていただきたい。

……しばらく駅前の風景を見ていることにした。すると、三階建のビルの上に高々と「〇〇シューズ会社の大五則」と書いてあるのが目に入った。

シューズ？　はてな、なぜ「靴」とか「製靴」ではいけないんだろう。シューズと書いて、日本人はみんなわかるんだろうか？　とっさにそう思ったが、やがて私の目は「大五則」の本文にくぎづけになった。

一、センスがあること
一、スマートであること
一、エチケットがあること
一、タフであること
一、ファイトがあること

大切なところは全部が外来語だった。しかも、一つ一つが傑作である。


以上の指摘にみるように、日本語には英語を中心とした外来語が「カタカナ語」として〝きわめて特異〟といわれるほど、入っているのであるが、このことをどのように考えたらよいのであろうか。

一般意味論からみると、「苺」でも「ストローベリー」でも通達的内包は同じである。

両語の違いは感化的内包に認められる。

ただし、これにはことばそのものの違いも一つの要因といえるが、これは、「苺」を「イチゴ」「いちご」、また「ストローベリー」を「すとろうべりぃ」と表記を変えてみると、表記の違いが要因として大きいことがわかる。

要するに、ことばと表記の相乗効果が認められるにしても、「カタカナ語」の表記の伝えるものの効果の大きいことが認められる。

では、この効果には何があるのだろうか。

「カタカナ語」の表記には、曲線を中心としたひらがな表記とは異なり、〝軽快な感じ〟〝明るい感じ〟〝単純な感じ〟が認められ、それに英語中心の外来語ということで〝西洋的な感じ〟が認められる。

こうした感じがプラスの方向の感化的内包をつくり出していて、『コンサイス　カタカナ語辞典　第二版』によれば、項目数四万五千語、アルファベット略語七千五百語の収録になる。

しかしながら、「カタカナ語」のすべてを感化的内包で説明するのは難しく、翻訳するより外国語を「カタカナ語」として、そのまま用いざるを得ない状況があることも否定できない。

（2）漢字の場合

ことばは同じでも、つまり通達的内包は同じでも、表記が異なると、その表記の影響がどのように表れるかという点に問題を絞り、漢字を中心にして考察する。

例をあげる。

①「苺」「イチゴ」「いちご」
②「絶品」「ゼッピン」「ぜっぴん」
③「青い」「蒼い」「碧い」「アオイ」「あおい」

右の①②③に見るように、漢字による表記には、〝かたい感じ〟〝おもい感じ〟があり、これらは、かなによる表記と比べると対照的である。取りあげる漢字によっては、〝重厚な感じ〟〝複雑な感じ〟〝権威的な感じ〟をもつことが認められる。

日本語では、表記に漢字と2種のかな、さらにはローマ字も使っている。このことは、通達的内包のみでなく、多様な感化的内包も伝えていて、コミュニケーションを複雑にしていると考えられる。

(3) 擬態語・擬音語の場合

擬態語・擬音語については、第5章・第9章でも取りあげているが、ここでは表記の点から考察する。

ことばが同じでも表記が異なると、その感化的内包が異なり、通達的内包にも影響が出ているように認められる点がある。

例を示す。

①　乾燥しすぎて、パサパサする。
　　乾燥しすぎて、ぱさぱさする。
②　水が、ジャージャー出ている。
　　水が、じゃあじゃあ出ている。
③　道が凍結して、ツルツル滑る。
　　道が凍結して、つるつる滑る。

「カナカナ」と「ひらがな」の形の違い、つまり直線か曲線かということが、おもな影響と考えられるが、右の①②では「カタカナ」のほうが、③では「ひらがな」のほうが、それぞれの文の意味に適しているように認められるが、どうであろうか。

現に、前出の童話（第5章参照）に出てくる体がよわった魚（フモウ）の笑う状態は、

フモウが　ちらちら　わらいました

――で、「ちらちら」の効果が認められる。

また、前出の「朝起きて電話をかけてから、ミルクを飲んでパンを食べた」（第5章参照）に、擬態語、擬音語を取り入れた表現を、「カタカナ」と「ひらがな」で比較してみる。

①　朝ピャッと起きてピャーピャー電話をかけてから、スイーとミルクを飲んでパンをスイスイ食べた。

②　朝ぴゃっと起きてぴゃあぴゃあ電話をかけてから、すいいとミルクを飲んでパンをすいすい食べた。

②　朝ビョッと起きてビンビン電話をかけてから、ビーとミルクを飲んでパンをバンバン食べた。

朝びょっと起きてびんびん電話をかけてから、びいとミルクを飲んでパンをばんばん食べた。

③　朝ガッと起きてガンガン電話をかけてから、ガーとミルクを飲んでパンをガシガシ食べた。

朝がっと起きてがんがん電話をかけてから、があとミルクを飲んでパンをがしがし食べた。

擬態語・擬音語の「カタカナ」による表記を「ひらがな」にすると、当該語の感化的内包が違ってくる。擬態語・擬音語の効果は、「カタカナ」表記のほうに生きていると認められるのだ。

第7章注

（1）三省堂編修所編『コンサイス　カタカナ語辞典　第二版』三省堂、2000年

（2）ハーバート・パッシン、徳岡孝夫訳『英語化する日本社会』サイマル出版会、1982年、156～157頁

（3）前掲書（2）、164頁

（4）前掲書（2）、162頁

第8章

ことばの落としあな
――いいたりないということの意味――

第1節

教材「言葉の落としあな」

ここでは、日常何気なく遣っていることばが案外正しく伝わらず、相手に誤解を与えてしまうことがあるという問題を扱う。ことばは一定の状況・文脈の中で遣われるが、普通、状況（文脈）を詳しく説明することは省略されてしまうため、受け手はそのことばを別の状況（文脈）の中に入れて解釈してしまい、誤解が生じることがある。

では、実際に「言葉の落としあな」（『ひろがる言葉　小学国語四年下』、教育出版）[1]の長谷川町子作『サザエさん』の4コマ漫画から考えてみる。

五　言葉のおもしろさ

言葉の落としあな

福沢周亮《ふくざわしゅうすけ》

1

まんが『サザエさん』の最初の一こまを見てください。

サザエさんのお父さんが、望遠鏡のところで「こしょう」

望。
遠。
鏡。

「言葉の落としあな」(『ひろがる言葉　小学国語四年下』教育出版)

と書かれた札を見ています。
もし、みなさんが同じような場面に立つことになったら、この「こしょう」の札から、どんなことを考えるでしょうか。

長谷川町子《はせがわまちこ》 作『サザエさん』より

…………………………………………

札。

「言葉の落としあな」(『ひろがる言葉　小学国語四年下』教育出版)

たぶん、この望遠鏡はこわれていて見ることができないのだな、と思うでしょう。このお父さんも、そう思ったのです。

けれども、望遠鏡をのぞいてみたところ、そうではなかったのですね。「こしょう」の札は、この望遠鏡が横に大きく動いて回ってしまうので、注意しないときけんですよ、ということを知らせるために、付けられていたのです。つまり、このお父さんは、くいちがって受け取ってしまったのです。

では、どうして、くいちがって受け取ってしまったのでしょうか。

付ける○

くいちがう

「言葉の落としあな」（『ひろがる言葉　小学国語四年下』教育出版）

望遠鏡は、遠くの景色《けしき》などをはっきりと見るための道具です。これが望遠鏡のはたらきです。ですから、望遠鏡に「こしょう」の札が付いていれば、たいてい「望遠鏡の、遠くを見るというはたらきのこしょう」と思ってしまうでしょう。

係員としては、望遠鏡を取り付けた部分にこしょうがあることを知らせたつもりであっても、「こしょう」の札を付けただけであったため、サザエさんのお父さんは、望遠鏡の遠くを見るというはたらきのこしょうと受け取ってしまったのです。

こしょうという言葉だけでは、望遠鏡に関係したどこか

景色

「言葉の落としあな」（『ひろがる言葉　小学国語四年下』教育出版）

にぐあいの悪いところがあることを知らせても、どこが悪いのかということまではしめしていないため、落としあながてきてしまったのです。

第2節　「いわない嘘」の成立

「いわない嘘」とは、事実の一部を隠して、相手にまったく別の断定をさせることである。つまり、あることがらについて、大切でない点に言及しておきながら、わざと大切な点は言及しないことにより、相手に誤った判断を下させる魔術ともいう。第1節で紹介した教科書教材「言葉の落としあな」での「サザエさん」の4コマ漫画では、意図的ではないが「ことばの落としあな」として、同じような状況ができてしまったものである。一般意味論ではことばには、このような状況ができることを当然と考えている。したがって、これが〝悪意〟をもって意図的におこなわれたとき、「いわない嘘」になるのである。

たとえば、「わが社ではビンを噴出する蒸気で洗う」というビール会社の広告があるとしよう。この広告では、消費者に、その会社だけが特別な洗浄をおこなっていて、他社はおこなっていないように思わせている。実際には他社も同様の洗浄をおこなっているのに、そのことには言及していない。ところが、ことばの魔術によって消費者は、その会社だけが衛生的であるような感じをもつことになる。

また、不動産会社の広告には、この「いわない嘘」がよく使われている。あるマンションの広告に「新宿駅から10分」とある。この10分は歩いてなのか、バスを使ってなのか、はっきり書かない場合がある。商業ベースで考えれば、上手に隠していわないほうがよい場合もあることが予想できる。

それでは、いわない嘘について、「いじわるばあさん」（長谷川町子、姉妹社版2巻、1976年、44頁）[2] の4コマ漫画から考えてみる。

① 公園の芝生の中で一人の男が、覆面をした男にピストルを突きつけられているのを、いじわるばあさんが街灯の下で目撃している。「タイヘンだ！」

② いじわるばあさんが、ちょうど駐車違反を調べているおまわりさんのところにかけつける。「おまわりさーん」

③ いじわるばあさんが、「たちいり禁止の芝生の中に男が二人はいっていますよッ」という。それを聞いておまわりさんが、「なーんだ……こっちはいま駐車いはんでいそがしいんだ」という。

④　いじわるばあさんは、「そう！　あとでさわいだってしらないよ」と行ってしまう。

次に「サザエさん」（長谷川町子、朝日文庫版31巻、1995年、6頁）[3]の4コマ漫画を見てみよう。

① 夕食も済ませたマスオさんは、電灯の下に寝転んで、そばに灰皿を置いてタバコを吸っている。腕枕をして天井をぼんやりと眺め、「たいくつだなア……」とこぼしている。

② タバコの煙を吐きながら、「だれかマージャンにでもさそわんかな」と独り言をいっている。

③ そこへ弟のカツオくんが、「四人のうち一人けついんができましたから、いらっしゃいませんかって」と大声でいいながら、マスオさんが寝ころんでいる部屋に入ってきた。それを聞いてマスオさんは、ガバッとはね起きると、「まってました!!」と大喜び。

④　3人が集まっている家に駆けつけると、その部屋には3人の男性とピアノの前に座っている女性がいた。3人の男性は、女性の弾くピアノに合わせて楽しそうに歌を歌っている。マスオさんは、「コーラスか」とがっかりしている。

マスオさんは、マージャンが好きで、寝ころんでいるよりマージャンをしたい、それほど好きなようである。マージャンは4人でするもの。もちろん、カツオくんもそれを知っているはずである。コーラスは4人でするものと決まっていないが、4人で歌っていた仲間なのであろう。たまたま友達の家に遊びに来ていたカツオくんは、おじさんたちが、「今日は○○くんが風邪をひいたそうだ。誰か歌が歌えそうな奴はいないかな」といっているのを聞いて、家で退屈にしていたマスオさんに教えてやったようだ。

「四人のうち一人けついんができましたから、いらっしゃいませんか」と聞けば、マージャン好きのマスオさんにとって、マージャンの誘いだと思う。コーラスではない。これはカツオくんがマスオさんをからかった行為であるので、いわない嘘になるのである。

第3節 ことばの落としあなへの注意

いわない嘘の特徴は、第2節の長谷川町子の4コマ漫画にもあったが、結論を自分でいわず相手に想像させるという点で、「ウソをいわずにウソをつく術」ともいえるので厄介である。このことに対しては、どのような注意を払ったらよいだろうか。

次に示す二つのことに注意を払うことが大切であろう。

① 「ことばですべてをいいつくすことはできない」という一般意味論の原則を常に忘れない。

② 送り手が述べていることの裏に隠された前提はないか、また、当然述べるべき条件その他のことがらでわざと触れられていない点はないか、をチェックする。

具体的には、次のようなことを常に意識する必要があろう。

① 相手に説明したときに、納得してもらえる論理的必然性をもち合わせているか。
② 根拠を示して話すことができるか。
③ そのように考えたときに、自分が幸せな気持ちになれるか。

常に、この3点を確認して、一つでも「NO」であれば、不合理な信念であるとみなすことが大切だということであろう。

たとえば、「数学のテストの点数が悪い」のは、「わたしは数学が苦手だ」の根拠になるだろうかについて考えてみる。テストの出題は、たまたまある特定の単元の出題にすぎないし、テストの点が低かったのは、準備不足だったのかもしれない。したがって、数学全般にまでこの論理を広げるのは一般化し過ぎである。「苦手だ」という思い込みが数学の勉強を妨害している可能性もあるのではないだろうか。人は内在的意味を外在的意味と誤認しやすいという認知特性をもっている。すなわち、自分で思い込んだだけなのに、そのような事実があるように誤解しやすいのである。

また、ことばは、感情表出の手段として用いられる。だから、事実の伝達を意図している場合でも、事実についての話し手の断定を同時に伝達してしまう。聞き手がこれを事実の報告として受け取って他者に伝達すると、悪口やうわさ話として広まってしまう。誤った情報の流布を食い止めるには、各自が感化的内包に対する識別力をつけていくしかないのである。

第4節 コミュニケーションの成立条件

(1) コミュニケーションとことばの機能

「コミュニケーション」という語は、多種多様な用いられ方をしている。コミュニケーションとは、「社会生活を営む人間の間で行われる知覚・感情・思考の伝達」(広辞苑第五版)、「(生物学)動物個体間での、身振りや音声・匂い等による情報の伝達」(大辞泉)であると、定義されている。ただし、このような定義では不十分で、一般に情報の伝達だけでは十分に成立したとはみなされていない。人間と人間の間で、意志の疎通がおこなわれたり、心や気持ちの通じ合いがおこなわれたり、互いに理解し合うことが起きて、はじめてコミュニケーションが成立した、といった説明を補っているものもある(デジタル大辞泉)。

先にも書いたがコミュニケーションに含まれるものは実に広範囲におよび、そもそもことばそのものが他者とのコミュニケーションを目的とするものであり、ことばを使って他者へと呼びかけるものは、すべてコミュニケーションと呼ぶことができる。また、ことばを使わないコミュニケーションも当然あり、非言語コミュニケーションと呼ばれている。学術的には、記号などの何らかの因子の移動をともなう、あるわけられる事象間の相互作用の過程をコミュニケーションと呼んでいる。また、コミュニケーションを発信と応答という観点から見た場合、発信に応じて応答が生じた場合、両者の間にコミュニケーションが成立していることになる。コミュニケーション行動は情報の伝達だけでなく、上位的な共感や、相手の行動の制御も幅広く含んでいるのである（『心理学』、東京大学出版会）。

ここでは、ことばの機能としてまずあげられる伝達について考えてみる。人間は生まれたその日から周囲との伝達を必要としており、人間がもつ伝達手段としての最大のものが、ことばである。したがって、ことばの増大は伝達力の増強につながる。たとえば、次の文章を、①から⑤まで順に読んでみてほしい。

① そこには、人が立っていた。
② そこには、女の人が立っていた。
③ そこには、若い女の人が立っていた。
④ そこには、和服の若い女の人が立っていた。
⑤ そこには、和服の若い女の人が、ほほえんで立っていた。

①→②→③→④→⑤と、ことばが増えるにつれて、話題になっている人の叙述が細やかになり、その像が鮮明になっていくのであろう。伝達力としてみると、より精確な伝達になっていくのである。

しかしながら、これは、ごく原則的なことであって、伝達（コミュニケーション）が成立するためには以下のようないくつかの条件が満たされなければならない。

まず問題となるのは、送り手の位置づけである。われわれは、同時に複数の関係の中にいたり、いくつかの役割をもっていたりするため、伝達する側になったとき、立場や役割を明確にすることが伝達（コミュニケーション）を成立させる上で重要な条件になる。同様の意味で、受け手の側の位置づけも重要な条件である。

また、両者の関係の把握は、伝達の内容にもかかわることになり、これは、とくにことばを手段とする場合、ことばの選択にも関係することになって、注意すべき問題となる。もちろん、伝達（コミュニケーション）が成立するためには、何かを知らせるとか、何かを教えるとかの効果が送り手によって期待されているわけであるが、これも、伝達する内容や、その手段としてのことばを選択する際、検討されることになり、欠くことのできない条件になるのである。

かくして、送り手、受け手、内容、ことば、効果といった条件がうまく満たされたとき、ことばによる望ましいコミュニケーション（伝達）が成立することになる。

(2) コミュニケーション再考 ——ことばを補うもの——

再度、コミュニケーションについて考えてみる。コミュニケーションとは、語源的には共通性〝commonness〟を成立させる試みを意味し、単なる相互作用の連鎖をさすのではなく、そこには何らかの情報の共有がある。コミュニケーションには、人と人の情動性に富んだ、二者間で何らかの観念や気分が共有される間主観的といわれる親交のプロセスと、人と人との間の情報の流れである伝達のプロセスが含まれている。(4) ことばはもっとも強力な、効率的なコミュニケーション手段であるが、子どもはことばでのコミュニケーションが可能になる前に、表情、視線、目の動き、音声、身振りなどでコミュニケーションをするのである。
では、人はコミュニケーションの中で、どのようにことばを遣っているのであろうか。このことは長い間言語学の研究対象にはならなかった、
たとえば次の会話を取りあげてみる。

①「スキージャンプの練習で骨が折れた」

②（片づけが得意と豪語していた友人の自宅を訪ねたところ部屋が散らかっていたのを見て）
「さすが、片づけが得意だね」

この中で①は、「骨が折れた」という表現が、「大変である」という意味なのか、実際に骨折に言及しているのか、曖昧な事例である。

②は、「片づけが得意だ」という表現が、それと正反対の現実を前にして会話で用いられたときに、皮肉として理解される例である。

また、もしあなたが道を歩いているときに、「時計ありますか?」とたずねられたら、おそらく「9時30分です」と現在の時刻を答えるのではないだろうか。さらに、就職試験で面接官から「今朝の新聞、読みましたか?」とたずねられて「はい、読みました」答えたきり会話が止まってしまうという経験をした方もいるのではないだろうか。

これらの例が示すように、コミュニケーションにおいては、ことばや文の意味が「文脈」によって変化する。すなわち、文が意味することと話し手が意図していることとは必ずしも同じではないのである。それでもたいていの場合、聞き手は会話の中で、ことばや文の意味を手がかりに、話し手が意図していることを推測することができるのである。したがって、「話し手が発したことばの意味」と「話し手が伝えたい意味」は異なる、ということをふまえて、「文の意味と話し手の意味との間にあるギャップをどのように埋めるか」ということを考えていくことが重要である。これは語用論といわれている研究領域で、発達研究において近年着目されている。

今日、インターネットの普及により、私たちのコミュニケーションの形態は大きく様変わりしている。相手の顔を見なくても、声を聞かなくても即時的な情報のやりとりが可能である。しかし、人間の進化、そして発達の視点から見ると、私たちにとってもっとも自然なコミュニケーションの形態は、相手が見える、声が聞こえるという対人的な環境でおこなわれるものである。すなわち、人間にとってもっとも基本的なコミュニケーションの形態は会話だといってよいだろう。

会話の中では、ことばが省略されていたり、意味が曖昧であったりしても、相手の表情や声の調子、ジェスチャーなどから手がかりを得て、聞き手は話し手のいいたいことを推測することが容易になる。話し手のほうも、いいたいことが聞き手にきちんと伝わっているかどうかをモニターすることができる。もし、相手に伝わっていないようだったら、言い方を変えたりして対応することが可能である。

とくに、保育や教育、療育などの実践に携わる者は、自分のかかわり方や伝え方は、目の前の子どもたちにとって適切なものになっているか、常に自省しながら日々の実践をおこないたいものである。

第8章注

（1）福沢周亮「言葉の落としあな」『ひろがる言葉　小学国語四年下』教育出版、1999年

（2）長谷川町子『いじわるばあさん（姉妹社版2巻）』姉妹社、1976年、44頁

（3）長谷川町子『サザエさん（朝日文庫版31巻）』朝日新聞出版、1995年、6頁

（4）L・B・アダムソン、大藪泰・田中みどり訳『乳児のコミュニケーション』川島書店、1999年

Column 5

ことばと知能

「知能」を英語ではintelligenceといい、知覚または理解する能力という意味である。知能の定義については、大きく分けると次の3種類がある。

① 知能とは、抽象的な思考能力である（ターマン）[1]。
② 知能とは、学習する能力である（ディアボーン）[2]。
③ 知能とは、新しい環境に適応する能力である（ウェクスラー）[3]。

知能の研究で有名になったのが、フランス人のビネー[4]である。彼は、パリ市の教育当局から、精神遅滞のために学校教育についていくことができない子どもを発見する方法を開発してくれるように依頼され、シモンの協力を得て最初の知能尺度を開発した。

「IQが高い」イコール「頭がいい」というイメージは、誰でもがもっている。それほどにIQということばは定着し、頭がいい・悪いを判断する尺度として使われている。ところでIQとは、具体的にどうやって導き出された数字なのであろうか。また、単純にIQの高さで知能が高いといってしまってもよいのだろうか。

日本でよく行われている知能検査は、ビネー式、ウェクスラー式の2種類である。ここでは、もっとも一般的なビネー式を例に説明する。

① 知能検査を受ける。知能検査の結果を得点化して、そこから精神年齢を割り出す。

② 計算式を用いてIQを割り出す。

$$\text{知能指数（IQ）} = \frac{\text{精神年齢（MA）}}{\text{生活年齢（CA）}} \times 100$$

※生活年齢（CA）とは実際の年齢のこと

なお、精神年齢を調べるための問題は、思考、言語、数量、知覚などの力を調べるためのもので構成されている。

たとえば、満5歳（生後60か月）の子どもが知能テストを受けた結果、精神年齢が6歳（72か月）だったとする。知能指数は、72÷60×100で120となるわけである。それぞれの年齢ごと、同様にテストをおこなうわけであるが、100が平均値とされる。だいたい3分の2の人がIQ85～115の間に入るといわれ、130を超えると天才児、逆に69以下だと知的障害域という判断がなされる。

よく「子どものころは神童で、年を取ったらただの凡人」などといわれることがある。これは一面的には正しく、子どものころにIQの数値が高かった人は、大人になっても高いままかというとそうとは限らない。知能は一定の速さで発達するものではないからである。したがって、IQは変化するものと考えると、知能の発達においては何らかの参考にはなるが、頭のいい・悪いを決定づけるものではないといえる。

ことばの発達には、かなりの個人差があるといわれている。しかし、ことばが遅れている場合、発達障害が隠れていることもある。早期発見のために、2歳半～3歳になっても簡単な名詞がでない場合は、専門機関に相談するとよいだろう。

とくに心配なのが、ことばの理解も遅れている子どもや、人とかかわりをもとうとしない子どもである。ことばの遅れが現れる発達障害には、自閉症（名前を呼んでも振り向かない、人への関心が薄い、あまり視線が合わないなど）、聴覚障害（音を立てても反応が弱い）、知的障害（同い年の子どもと比べて遊びや運動に目立った発達の遅れがみられる）、表出性言語障害（ことばの理解はできている、2歳半～3歳を過ぎても、単語の一部しかいえなかったり、簡単な文書がつくれなかったり、単語を繰り返しても覚えられなかったりする）、受容性言語障害（2歳半から3歳になっても、ことばだけで簡単な名詞や指示を理解することができない、自閉症のような特徴はみられない）がある。

これらに当てはまる兆候がある場合、発達障害のサインとしてことばの障害が現れている可能性が疑われる。

注

（1）M・ターマンは、アメリカの心理学者。ビネーの知能尺度をさらに発展させた。また、ドイツの心理学者W・シュテルンが考案した知能指数を実用化した。

（2）W・F・ディアボーンは、アメリカの心理学者で、今よりも適応的な知識・経験・技術を習得する学習能力こそが知能であると考え、知能を『新たな知識・技能を習得する学習能力』と定義した。

（3）D・ウェクスラーは、アメリカの心理学者。知能診断のために知能検査シリーズ（幼児向けWPPSI、児童・生徒用WISC、成人用WAIS）を開発した。

（4）A・ビネーは、フランスの精神医学者。19世紀なかば以後、西欧諸国で公教育が普及し、すべての子どもたちを学校教育に受け入れようとしたとき、普通教育についていけない子どもたちが大勢いることが問題となる。パリ市の教育当局からの依頼を受け、シモンの協力を得て、1905年にビネー＝シモン知能測定尺度をつくった。

第9章

一般意味論と心理学（Ⅰ）

第1節

ことばの情緒値とイメージの測定

同じタイトルの絵本『三びきのこぶた』を取りあげてみよう。原文は「The Tree Piglet」であるが、次のような二つの翻訳が出ている。この中で同じ場面で遣われていることばを比べてみる。

①『三びきのこぶた』イギリス昔話（こどものとも絵本）瀬田貞二訳、福音館書店、1967年

こぶたは、すぐさまさっと、ふたをかぶせ、オオカミを鍋でことこと煮て、晩御飯に食べてしまいました。

それからさきこぶたはずっとしあわせに暮らしました。

②『イギリスとアイルランドの昔話』石井桃子編・訳、福音館書店、1981年

こぶたは、またすぐ、なべのふたをして、おおかみをぐつぐつ煮て、晩ごはんに食べてしまい、それからずっと、しあわせに暮らしました。

この話は、オオカミがこぶたを食べ、3匹目のこぶたがオオカミを食べるので、残酷な話だと受け取られ改作されることが多い。しかし、この話には生命はどうやって成り立っているかを物語る大切なメッセージが込められている。2作品を比べてみると、こぶたがオオカミを煮て食べるという外在的意味、通達的内容は同じである。

ここで取りあげたいことばは「ことこと」と「ぐつぐつ」で、どちらもオオカミを煮る様子を表している。これらのことばは、どちらも物語の最後の部分で遣われているが、かなり対照的な違いを示している。つまり、オオカミを鍋で煮る場面において、3匹目のこぶたの怒りを「ことこと」「ぐつぐつ」で表現している。「ことこと」は、滑稽な感じをもっていて、それが逆に3匹目のこぶたの怒りの深さを感じさせる。「ぐつぐつ」は、3匹目のこぶたの怒りを直接表現した感じをもっている。

「ことこと」と「ぐつぐつ」の語について、14名の小・中・高校教員（男性10名、女性4名）を対象として、SD法（七段階評定）[1]でイメージを測定した結果を表9－1と図9－1に示した（124ページ参照）。

物語全体を対象とした測定をしたわけではないので、①瀬田訳と②石井訳の違いについて結論的なことはうんぬんできない。しかし、「ことこと」と「ぐつぐつ」の語の違いが翻訳の違いをつくり出す一つにはなっているといえるであろう。どちらの語を採用するかで、少なくとも結末の部分のイメージが異なっているのである。

表９－１　平均値の比較

形容詞対			ことこと	ぐつぐつ	
小さい	－	大きい	2.50	5.29	＊
うれしい	－	かなしい	3.36	3.29	
せまい	－	ひろい	3.57	4.50	
つよい	－	よわい	5.00	2.14	＊
いんきな	－	ようきな	4.71	4.71	
男性的	－	女性的	5.71	2.50	＊
不活発な	－	活発な	4.36	5.00	
かるい	－	おもい	2.29	2.93	＊
あつい	－	つめたい	3.50	1.50	＊
じゅんすいな	－	ふじゅんな	2.86	4.93	＊
積極的	－	消極的	4.36	3.07	
すきな	－	きらいな	2.79	3.93	
くるしい	－	たのしい	4.93	4.14	
おそい	－	はやい	4.07	3.14	
にぶい	－	するどい	4.43	3.00	＊
やわらかい	－	かたい	3.43	2.93	
くらい	－	あかるい	5.00	4.36	
きれい	－	きたない	2.29	4.79	＊
よい	－	わるい	3.71	3.93	
おもしろい	－	おもしろくない	3.00	3.29	

＊印のついている形容詞対では、「ことこと」と「ぐつぐつ」の間で有意差が認められる。

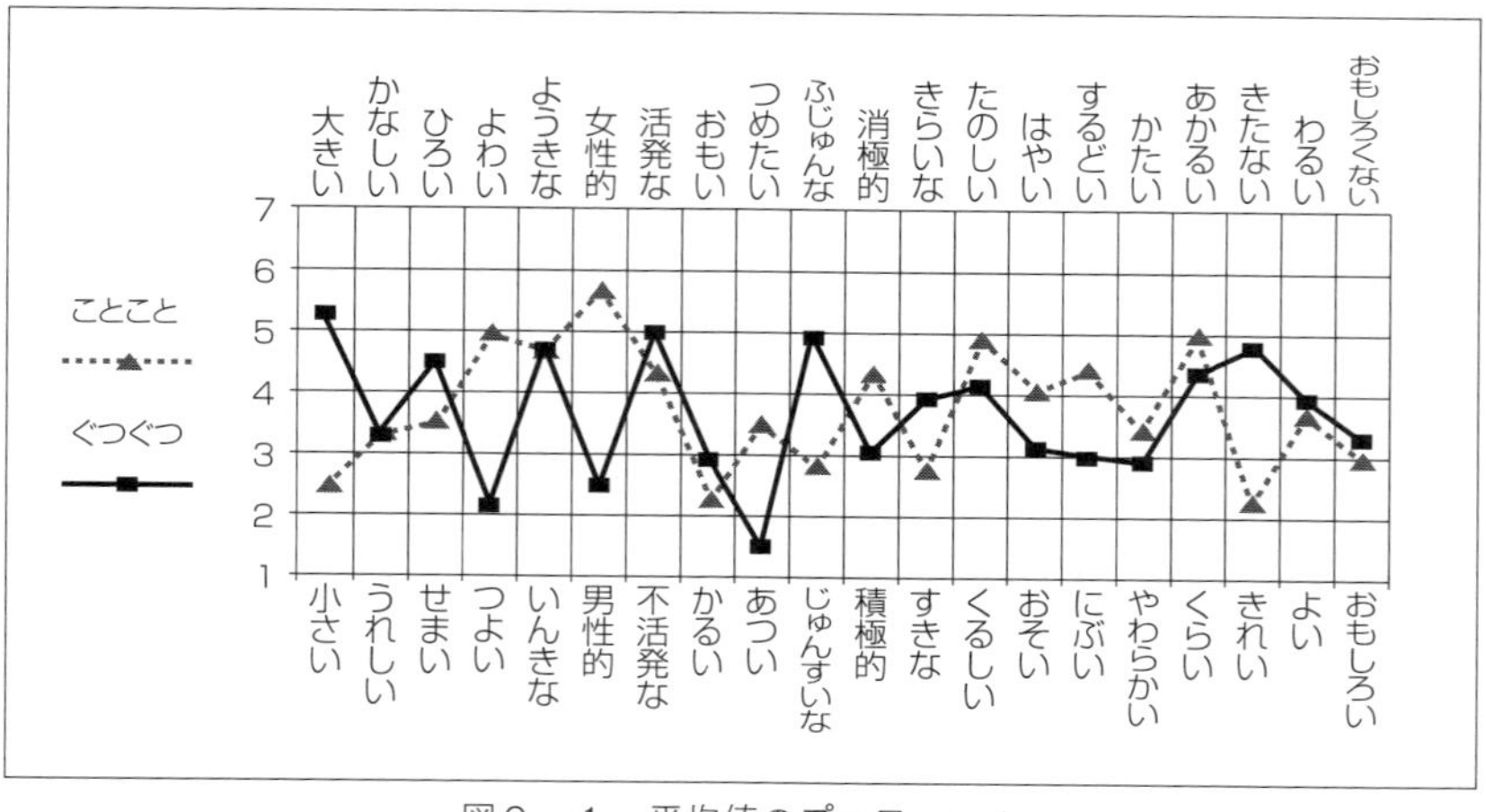

図９－１　平均値のプロフィール

試みに、両訳から「ことこと」「ぐつぐつ」の語を削除してしまうと、物語はほとんど同じになる。通達的内包も感化的内包もかなり重なるのである。ところが、「ことこと」「ぐつぐつ」がかかわると両訳に違いが出てくるのである。通達的内包は同じでも、両語が加えられることによって、感化的内包に違いが現れ、3匹目のこぶたの怒りの状態が違ってくるのである。

福沢（1962）は、情緒値を数量的に検討することを意図して、大学生を対象に55語を五段階評定尺度（とても感じがよい・感じがよい・どちらでもない・感じがわるい・とても感じがわるい）で測定した。その結果の一部を表9－2に示す。[2] 全体としては、外来語はあまり悪い感じではないという結果であるが、これはもちろん、文脈によって変わってくる。語としては、「上昇的」または「中性的」な情緒値をもっていると考えられる「先生」や「大将」が、ときにそのように使われていないことは、よく経験することであろう。つまり、状況によっては、上昇も下降もするのであって、このことは、念のため押さえておく必要がある。こうした結果は、感化的内包を実証的に裏づける資料の一つといえるだろう。

表9－2　ことばの情緒値（福沢、1962）

ことば	男子		女子	
	中央値	平均値	中央値	平均値
父	4	3.52	4	4.07
おやじ	3	2.88	2	2.33
母	4	3.86	4	4.26
おふくろ	3	2.91	3	2.75
おとうさん	4	3.87	4	4.04
パパ	3	2.91	3	3.02
おとうちゃん			3	2.8
おかあさん	4	4.01	4	4.26
ママ	3	2.82	3	3.11
おかあちゃん			3	2.85
おくさん	3	2.97	3	3.32
おかみさん	2	2.17	2	1.98
お手洗い	4	3.48	4	3.54
トイレット	3	3.29	3	3.1
WC	3	2.52	2	2.13
便所	2	2.27	2	1.99

第2節

語音象徴

語音象徴とは、語音に何らかの感じをもつことを指している。次の①と②の文章を比較してみる。

① 車がカラカラまわる。

② 車がガラガラまわる。

①のほうが②に比べて、「軽い」車がまわっているように感じられよう。また、まわり方でいえば、①のほうが「軽快」といえる。これは、もちろん「カラカラ」と「ガラガラ」の違いによるものであるが、「カ」と「ガ」の違い、つまり清音と濁音の違い、そして、karakaraとgaragaraの対比で「k」と「g」の違いともいえる。福沢（1962）によれば、①と②の間には、①のほうが②に比べて「軽い」「明るい」「小さい」と感じられた。

では、次の語を比較してみる。

③ 「トイレット」

④ 「WC」

「トイレット」のほうが情緒値は高い。つまり、よい感じの感化的内包をもっているのである。しかし、どちらも外来語で、その点で差を見いだすのは難しい。「WC」が頭文字だけだという点も「PR」「CM」などにみるように、わるい印象をつくりだす理由にはならないだろう。

したがって、問題は音にあるように思われる。両語を発音してみると「トイレット」のほうが、「軽い」「明るい」「清潔」な感じなのだ。「WC」の場合、「ウォーター・クローゼット」ならともかく、「ダブリュシー」には清潔な感じが認められない。

日本語では、最初に濁点のつくことばは好まれないようで、また、やまとことばでは、濁点で始まることばに汚い意味をもつことばが多いとのことである。「ダブリュシー」には、そのあたりの事情がそのまま生きているようである。

また、「トイレット」「WC」をローマ字に直してみて、「トイレット」では「t」が、「WC」では「d」や「b」が目立つのも、先で述べたことを裏づけるといえるだろう。「t」は黄緑・緑・赤といった明るい色と、「b」は黒・赤紫・灰といった暗い色と関係が深く、「k」「t」「s」「z」「d」「ch」の順で鋭さの感じが落ちるという指摘が認められるのである。

次に、「しずかさや　岩にしみいる　蝉の声」という松尾芭蕉

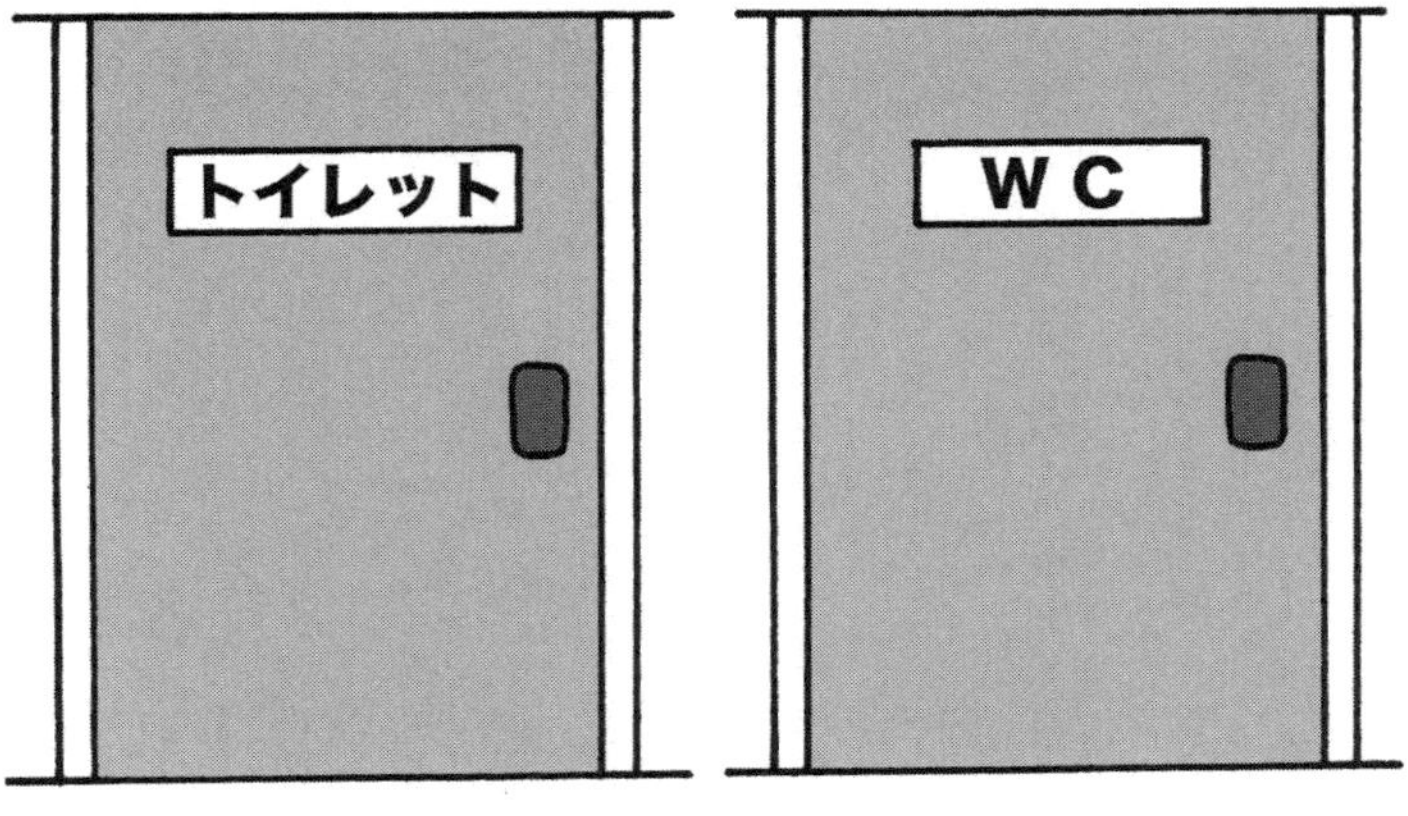

の有名な俳句を例として取りあげてみる。

⑤　山寺や　石にしみつく　蟬の声
⑥　さびしさや　岩にしみ込む　蟬の声
⑦　しずかさや　岩にしみいる　蟬の声

⑤が最初につくった俳句であったが、芭蕉は納得がいかず、⑥に直し、最終的に⑦にしたという。通達的内包という観点から見れば、どの句も表している内容はたいして変わりがないので、何も推敲する必要はないともいえるが、芭蕉としては感化的内包が異なることを重視して、直したということである。このように一般的に詩人は、ことばの選定に細心の注意を払っているのである。

次に擬態語・擬音語における語音象徴について考えてみる。

子どもは「ワンワン」「ピョンピョン」「ドドーン！」などの擬態語・擬音語（オノマトペ）が大好きである。大人も、子どもが相手となるとなかば無意識に擬態語・擬音語を多用している。たとえば、大人が相手であれば「ウサギが跳ねている」という場面でも、子ども相手だと「ウサギがピョンピョン跳ねている」のように、自然と擬態語・擬音語を使う人が多いのではないだろうか。

では、なぜ子どもは擬態語・擬音語が好きなのだろうか。

擬態語・擬音語は、物事が発する音や様子を言語音（「あいうえお」のようにことばを構成する音）で模したものである。イヌが吠えるときの音を「ワンワン」、ウサギが跳ねるときの様子を「ピョンピョン」というように、それらしいイメージを感じる言語音で表現する。「ピョンピョン」という擬態語・擬音語の言語音には、どこかしら生き物が跳ねるイメージが感じられる。このように言語音そのものが何らかのイメージと結びつく、意味をもつ。小さい子どもが擬態語・擬音語を好む理由の一つは、この擬態語・擬音語などに含まれる語音象徴が、ことばの意味の学習の足掛かりになるからではないだろうか。言語音と意味との間に、もともと語音象徴的な結びつきがある擬態語・擬音語などのことばなら、語意学習がしやすいのではないだろうか。

では、ここで「言葉とイメージ」(『伝え合う言葉　中学国語2』教育出版)[3]を使って考えてみる。この教材は、「語音象徴」の問題、および同じことばでも使われる文字の種類によって感じが異なり、イメージに違いが出てくるという問題について述べている。これらは先に見てきた聴覚と視覚からくる一種の語感といえ、詩のことばなどに大いに関係している。

言葉とイメージ

福沢周亮《ふくざわしゅうすけ》

石が、一つ、ころころ転がってきた。

この表現から、どのくらいの大きさの石が想像されるでしょうか。サッカーのボールくらいの石でしょうか。野球のボールくらいの石でしょうか。これだけの表現で、石の大きさを決めるのは難しいかもしれませんが、それにしても、なんとなく、小さな石を想像するのではないでしょうか。このことは、次の表現と比較してみると、ややはっきりします。

※福沢周亮「言葉とイメージ」(『伝え合う言葉　中学国語２』教育出版より)

石が、一つ、ごろごろ転がってきた。

前の表現よりも、かなり大きな石を想像させるでしょう。「ごろごろ」は、「ころころ」よりも大きな感じのイメージを与えるのです。つまり、「こ」と「ご」が入れ替わることによってイメージが変化するわけで、「ご」は、「こ」より大きな感じを与えるのです。

もう一つ例をあげてみましょう。童話に出てくる大男の名前として、「ドン」と「トン」を比べたとき、たいていの人は、「ドン」のほうが「トン」よりも大男にふさわしい名前だと感じるでしょう。「ドン」のほうが、「トン」よりも大きな感じを与えるのです。

濁音

「こ」や「ト」が属している清音と、「ご」や「ド」が属している濁音を比較してみると、一般に、清音は「小さい」「軽い」「明るい」といった感じのイメ

※福沢周亮「言葉とイメージ」(『伝え合う言葉　中学国語２』教育出版より)

ージを与え、濁音は「大きい」「重い」「暗い」といった感じのイメージを与えるようです。

　このように、語音がなんらかの感じをもっていることを語音象徴といっていますが、言葉とイメージの関係を考えるときには、語音象徴の果たす役割を見逃すわけにはいきません。

　ところで、名前が一つのイメージをもつという事実は、同じものでも、つける名前によってイメージに違いが出ることを意味しています。

※福沢周亮「言葉とイメージ」(『伝え合う言葉　中学国語２』教育出版より)

第3節　偏見

偏見とは、論理的、客観的な根拠なしに形成される非好意的な認知様式といわれているが、どのような形をとるにしても、その機構の中では、ことばが重要な役割を果たすだろう。レッテルとしてのことばがクローズアップされるのである。

　では、今、Yさんという人が、仮にいるとしよう。ここでYさんについて誰かが紹介をしてくれるが、紹介してくれた人はYさんのすべてについて、くわしく紹介することはできない。自分で観察した外見上の特徴を含めても、結局は部分的な情報でしかないのである。

この特徴を含めて、Yさんのことが記憶される。「太ったYさん」「中年の女性のYさん」「歌のうまいYさん」「友達の相談によくのるYさん」「フリー・アルバイターのYさん」などのレッテルを貼ることが可能である。「太ったYさん」には、おおらかさを感じて親しみをもち、「フリー・アルバイターのYさん」からは定職をもたず、アルバイトだけで生計を立てている人だから、自由に生きていると思い込んでしまう。このような人からは、「フリー・アルバイターのYさん」から瞬時に抽象化がなされ、「自由に生きるYさん」というレッテルが貼られてしまう。このとき、Yさんのその他の特性、たとえば歌がうまい、友達の相談によくのるなどのたくさんの特性を見ないで、フリー・アルバイターという特性だけに注目しているのである。

レッテルは、いったん貼られると便利であるために、われわれはそれを利用するが、レッテルのもつ右のような効果は、往々にして誤った認知を引き起こし、ときに人間関係に支障をもたらすことになる。レッテルに注意を奪われて、現実に目を向けることを怠ってしまうのである。

とくに、オールポート(4)の指摘する「一次的効能をもつレッテル」は、レッテルの中でも大きな影響をもち、ちょうど、救急車のサイレンのように注意を引きつけてしまって、ほかへの考慮を中止させてしまう。たとえば、20歳の女性の結婚相手が、「外交官」「大学院卒」「スポーツマン」「長男」「中高年」というレッテルをもっているとしよう。おそらく、この事例では、「中高年」が一次的効能をもつレッテルになるのではないだろうか。この結婚に対して周囲から反対が起きるとしたら、「中高年」という条件によるところが、とくに大きいと考えられるからである。

ところで、偏見という問題との関係で、レッテルを取りあげた理由は、偏見を生み出したり保持したりするときに働く「レッテルとしてのことば」の役割に注目したかったからだ。とくに一次的効能をもつレッテルが前面に出てしまうと、それは、単にカテゴリーとしての役割を越えて、マイナスの属性をともなって認知に作用するため、偏見をつくり出したり保持したりする際に、有力な役割を演じると認められるのだ。

そこで、こうした問題への対策であるが、ミード(5)が示唆しているように、レッテルを名詞として使わないで形容詞として使うのは、一つの方法のように考えられる。「中高年」ではなく「中高年の外交官」のように、形容詞化することによって、二つの属性が語られることになり、一つの場合より実像に近づくのである。

また、事実にあたることが可能なら、単にレッテルで判断しないで、一般意味論が指摘するように、直接、事実を経験するのも望ましい方法の一つである。つまり、この場合は、「中高年の外交官」と直接対面することであろう。

第9章注

（1） ＳＤ法（Semantic differential method）：アメリカの心理学者オスグッド（Charles Egerton Osgood, 1916-1991）と彼の若い共同研究者によって開発された感情・イメージの評価法である。ＳＤ法は、意味微分法ともいわれる。われわれが使う形容詞は人間の感情・イメージ・価値観を伝えるためにおもに使われる。しかも必ず対になって使われるという特性をもつ。

（2） 福沢周亮「言葉の表現効果について　―語音象徴と情緒値に関する実験的研究―」『読書科学』６巻（12号）、１９６２年、28～36頁

（3） 福沢周亮「言葉とイメージ」『伝え合う言葉　中学国語２』教育出版、１９９０年

（4） Allport, G. W. (1961), The nature of prejudice.（原谷達夫・野村昭訳『偏見の心理』培風館、１９６８年）

（5） 前掲書（4）と同じ。

Column 6

ことばとパーソナリティ

ことばを通してパーソナリティを知るという主題は、一般に、関心を引く話題であろう。パーソナリティを測定するための、ロールシャッハ・テストやＴＡＴ（絵画統覚検査）などの投影法も、ことばを手段にしている。

しかし、ここでは、コラムの一つとして扱うため、次の話題にとどめたい。

児童が書いた作文をパーソナリティの反映ということでとらえて、「観察型」と「解釈型」を提出している研究がある。[1]

ビネー（Binet, A.）は、自分の娘、12歳半のマルグリトと11歳のアルマンドが書いた作文に、対照的な違いを見いだした。２人が書いたマロニエの葉についての叙述を見ると、最初のところが次のようになっている。

マルグリト――私の目の前にある葉は秋に摘みとったマロニエの葉です。なぜというと小葉が二つを除いては、すべてほとんど黄色になっていますし、一つは半分黄色で半分緑色ですから……。

アルマンド――これは秋風のために力なく落ちたマロニエの葉です。葉は黄色くなっていますが、まだ堅く真っ直ぐにしています。このようにして死んでいく、このかわいそうな葉にも、まだいくらか力がのこっているのでしょう……。

前者が、客観的な正確な叙述を中心としているのに対し、後者は、解釈を中心としている。前者が「観察型」、後者が「解釈型」というゆえんである。

姉妹のパーソナリティが明確にされているわけではないので、パーソナリティとの関係といっても、直接、関係を論じるわけにはいかないが、この違いは、姉妹によるたくさんの叙述をみても同じように認められたとのことで、パーソナリティの反映を認めざるを得ないのである。ちなみに、姉は妹よりも、豊富で強固な、また精緻な心像をもつことができ、妹は姉よりも言葉が発達しているとのことである。

次に、もう一つ、向性と文の構造との関係について触れておく。

筆者は、パーソナリティとして性格類型の向性（内向型、外向型）を取りあげ、それと文の構造との関係を、女子短大生と女子高校生を対象として検討した。(2)

向性の判定は、自己診断と他人（級友）診断によったが、とくに、向性指数が60以下（9人）の超内向性と130以上（10人）の超外向性の比較に重点をおいた。

分析対象にした作文は、被験者が、1枚の童画（黒崎義介画〝郵便屋さん〟）を刺激材料にして書いた物語である。

その結果、内向性の者は、ある事柄を修飾して表現するのに動詞を多用し、形容詞や形容動詞を副詞的に使うが、外向性の者は、同様の際に、形容詞や形容動詞を使い、名詞による表現も比較的多い、ということが明らかになった。いわば内向性は動詞型、外向性は形容詞型である。

注

（1）波多野完治『文章心理学入門』新潮社、1953年

（2）福沢周亮「性格類型と文の構造との関係―」『日本心理学会第22回大会発表論文集』1958年

第10章 一般意味論と心理学（Ⅱ）

第1節 教育の場の認知とことば

教育という営みの中では、教育者による被教育者の理解は、常に検討されなければならない重要な問題の一つである。被教育者をどのようにとらえるかは、指導の内容に直接関係するのであって、いわば指導の成否の鍵を握っているからである。

しかし、ひとくちに「理解」といっても、その程度や内容はさまざまであり、理解の方法もいろいろである。「この子は内気な子だ」という印象も、「国語の学力偏差値50」という学力検査の結果も、理解につながるのだ。以下に、子どもを例にして、どのように認知するかという問題を取りあげる。

ちなみに、認知とは、感覚器官を通してとらえた個体の内外の状態を意味づけることをいうが、ここで取りあげる子どもの認知とは、子どもをどのようなことばでとらえるかということを指しており、子どもの理解の重要な一面をなすと考えられる。

① 太郎は頭のよい子です。

② 次郎はわがままな子です。

右の2文は、「太郎」および「次郎」について述べたものであるが、二つを比較してみると、その直接の内容はともかく、その内容から想像されることがらに、かなり異なる点があることに気づかれるだろう。

①はよい面を、②はわるい面を取りあげているため、文そのもののイメージが反対の方向をもっていることは当然としても、「頭のよい子」が前面に出ると、たとえば、性格もよいような印象を受け、「わがままな子」が前面に出ると、ほかの側面もあまりよくないような印象を受ける。文中に直接書いてないことにまで印象が広がるのであって、このことが、太郎および次郎の理解に大きく影響すると考えられる。

そこで、一般意味論では、こうしたことがらについて、抽象の段階を適用して次のように指摘している。

「太郎」および「次郎」は固有名詞であるため低い段階にあるが、「頭のよい子」「わがままな子」は、太郎および次郎の多くの側面を捨象して出てきたことばであって高い段階にある。

しかし、「太郎は頭のよい子です」「次郎はわがままな子です」と、「です」で結ぶと、抽象の段階の混乱が起こり、「太郎」＝「頭のよい子」、「次郎」＝「わがままな子」のように同一視する反応を起こしてしまうのである。

実際の太郎および次郎をみれば、「頭のよい子」「わがままな子」という一つのレッテルでは覆いきれない側面をもっているはずであるが、そのレッテルに反応してしまうのだ。しかも、「頭のよい子」「わがままな子」は、どちらも感化的内包が強く、その点でも大きく影響すると考えられる。

以上、ことばによる認知の際に起こる問題点について述べてきたが、実際に、子どもを話題にしたり認知したりするとき、普通には、その多様な側面のすべてを意識にのぼらせておくことは不可能であるため、たとえば、次のように一つか二つの側面でとらえることが多い。

「この子は、素直な子である」
「あの子は、すばしっこい子だ」
「その子は、臆病な子です」

「素直な子」「すばしっこい子」「臆病な子」というレッテルを使い、断定を表すことばの「である」「だ」「です」で結んでいるのである。したがって、これらのレッテルの抽象の段階が高いことを見落としてしまうと、レッテルにそのまま反応するという落とし穴へ落ちてしまうだろう。

もちろん、こうした状態は望ましいことではなく、なんらかの対策が考えられなければならないが、一般意味論では、次のように考えている。

① できるだけ、こうしたレッテルを貼らないようにする。

② レッテルを使うときには、「である」「だ」「です」で結ぶのではなく、「……という一面がある」とか「……に分類できよう」というような表現に変える。

③ 常に抽象の段階を下りること、つまり具体的な姿の把握を心がける。

第2節 評価語

「今朝はいままでになく冷えている」「この味は塩気が足りない」など、日常生活の中でも、評価は重要な位置を占めているが、とりわけ厳密さを要求されるのは、教育に関係した場合であろう。子どもを直接の対象にしているだけに、不用意な評価に対する戒めは厳しく、より正確な評価が常に要求されるからである。

そこでここでは、教育評価のあり方に関係して、評価語（評価のためのことば）を問題とする。

もっとも前項の内容は、ほとんどそのまま、ここでの問題にも適用できる。しかし、ここでは、別の形で取りあげることにする。

一例をあげよう。

「この子は、おちつきがない子だ」

これは、前項で述べた問題とともに、次のような問題ももっている。「おちつきがない」という事実を述べたのか、その評価者がそう思うのかが不明だという点である。前項で述べたように、「おちつきがない子」が「この子」と対等の重みで結びつくため、あたかも「この子」は、それのみのような印象を受けるという問題は、ときに、事実の報告か推量の結果かという問題をうわまわるのであるが、注意しないと後者の誤りを犯してしまうのだ。

例えば、次のような事実があり、その上にたって前記のことばが出てきたとする。

① 算数のテストで1問とばしてやり、全問題を解答したと思って提出してしまった。

② 工作をしているとき、道具の使い方を間違えて、けがをした。

③ 国語の教科書を忘れてきた。

この限りでは、「おちつきがない」は〝事実〟といえるかもしれない。

しかし、それでも「この子はおちつきがない子のように、私は思う」「私のみるところ、この子はおちつきがない子のようだ」というようなことばが最大限ではなかろうか。注意してみれば、おちついた行動が見つかるかもしれないし、目の届かないところではおちついているかもしれないからである。

もっともこの場合、「この子」のすべてを常に見ているわけではないから、「この子はおちつきがない子だ」は、当然、「この子はおちつきがない子だと、私は思う」と同じだという反論があるかもしれない。

しかし、問題はことばに対する反応の仕方にあるのであって、右の二つの言語表現は、異なった反応を引き起こすのである。

評価で遣うことばは、できるだけあいまいな点をなくすことが望ましく、事実の報告と推量した結果とは、区別しなければならないのだ。

また、評価語は、次のような問題ももっている。

事実をまとめる際のことばの選択という問題である。右の例でも、「いつもそわそわしている子」「軽躁な子」などが考えられるように、「おちつきがない子」は唯一のことばではない。もちろん、それぞれが固有のニュアンスをもっていて、意味がまったく同じというわけにはいかないが、先の事実をまとめることばとして遣えないことはないのである。

したがって、不用意な使用を避け、評価者の意図を生かしたことばを慎重に選択することは、とくに注意すべき点といえる。

第3節 性教育の用語

ハヤカワは、性教育の第一歩はことばの問題で、性について話し合える語彙を教えることが、まず必要だと指摘している。(1)

確かに、性教育がどのような形をとるにしても、まったくことばなしでおこなうことは不可能であろう。そこで遣うことばは、性に対する姿勢をおのずから決めていくことにすらなると考えられるからである。

もっとも、そうはいっても、伝えなければならない内容が、どのようであるかということが大きく影響することは否定できない。性的行為について教えることと、性器の名称を教えることとでは、前者のほうにはるかに抵抗を感じるのは内容の問題である。単にことばだけの問題ではないのだ。

しかし、同じことがらを伝える場合でも、それを表すことばの違いは、抵抗を大きくも小さくもするだろう。しかも、そのことばの違いは、同じことがらを違って受け取らせる可能性すらもっている。

したがって、感化的内包が中性的な語彙を用意できれば、それに越したことはない。が、ことがらが性についてのことであるだけに、それは難しいようである。

だいぶ前の調査(2)であるため、現在とは異なる点があるかもしれないが、当時、〝もっともわいせつ(エッチ)だと思うことば〟を、高校生にあげてもらったところ、「感じちゃう」「内部」「やめて」といった、ごく一般的と考えられることばがあげられた。

恐らく「ロユ」とか、「ヌナ」とかの無意味つづりを遣っても、そのことばがいったん事実と結びついて内容をもつと、性用語特有の感化的内包を多かれ少なかれもってしまうのだ。

したがって、特有の感化的内包がつくのはやむをえないのであるが、不必要なそれをもたせるようなことばは遣うべきではないといえる。たとえば、性器に関係することばが、「陰部」「陰茎」と「陰」を遣っているのは無用な感じをもたせて、性用語として望ましいことではない。

現時点では、日本語の中で比較的プラスの方向をもっている外来語の利用が、望ましい手段の一つといえるのではあるまいか。たとえば「ペニス」のように。

第4節

認知の働きの育成

一般意味論でいう「地図と現地」の考え方は、事実とそれを表すことばとの関係が現地と地図との関係と同じであって、地図、つまりことばはどのように詳細であっても、現地、つまり事実とはレベルが異なるという点を強調し、事実に当たることとの重要さを指摘する。

この〝現地主義〟は、認知の働きの育成という問題を考える場合、一つの有力な指針を与える。ことばの背後にある事実へ目を向ける〝訓練〟を、乳幼児期・児童期からすることによって、豊かな認知が働く力を身につけることが可能になるのではないかと考えられるからである。

とくに基本的なことばを身につける段階にある乳幼児期・児童期を対象にしては、この〝現地主義〟の徹底は大事といえる。

「いす」を例にして取りあげてみよう。

「いす」と、同じことばを遣うにしても、その実際には、幼稚園・保育所などで園児が使う椅子もあれば、会議で使う大型の椅子もある。現地としての事実は、さまざまである。

したがって、低年齢のうちから、一つひとつのことばについていろいろな経験を与え、ことばを詳細な地図にするという点で、「いす」一つを教えるにしても、単に一つの椅子を経験させるのではなく、さまざまな椅子を経験させることが望ましいのだ。しかも、その経験には、単に「いす」を見るだけでなく、腰かけてみたり、触ってみたり、叩いてみたりすることが望ましい。

日本語の基本的なことばについて、低年齢からこうした経験を積み重ねることは、豊かな認知の働きを育成する上で重要なあり方の一つと考えられる。

また、一方では、一つの事実についてもことばがいくつかあり、ことばが違っても事実は同じだということを知っていくことも、認知の働きの発達の上で大事なことである。

「スプーン」と「さじ」は、その例であり、「車」と「自動車」、「お手洗い」と「トイレット」「便所」も、例になる。

もちろん、これらの場合、通達的内包は同じでも、感化的内包は違っている。ことばによる認知という点からみて重要なことであるが、それは別の問題になる。

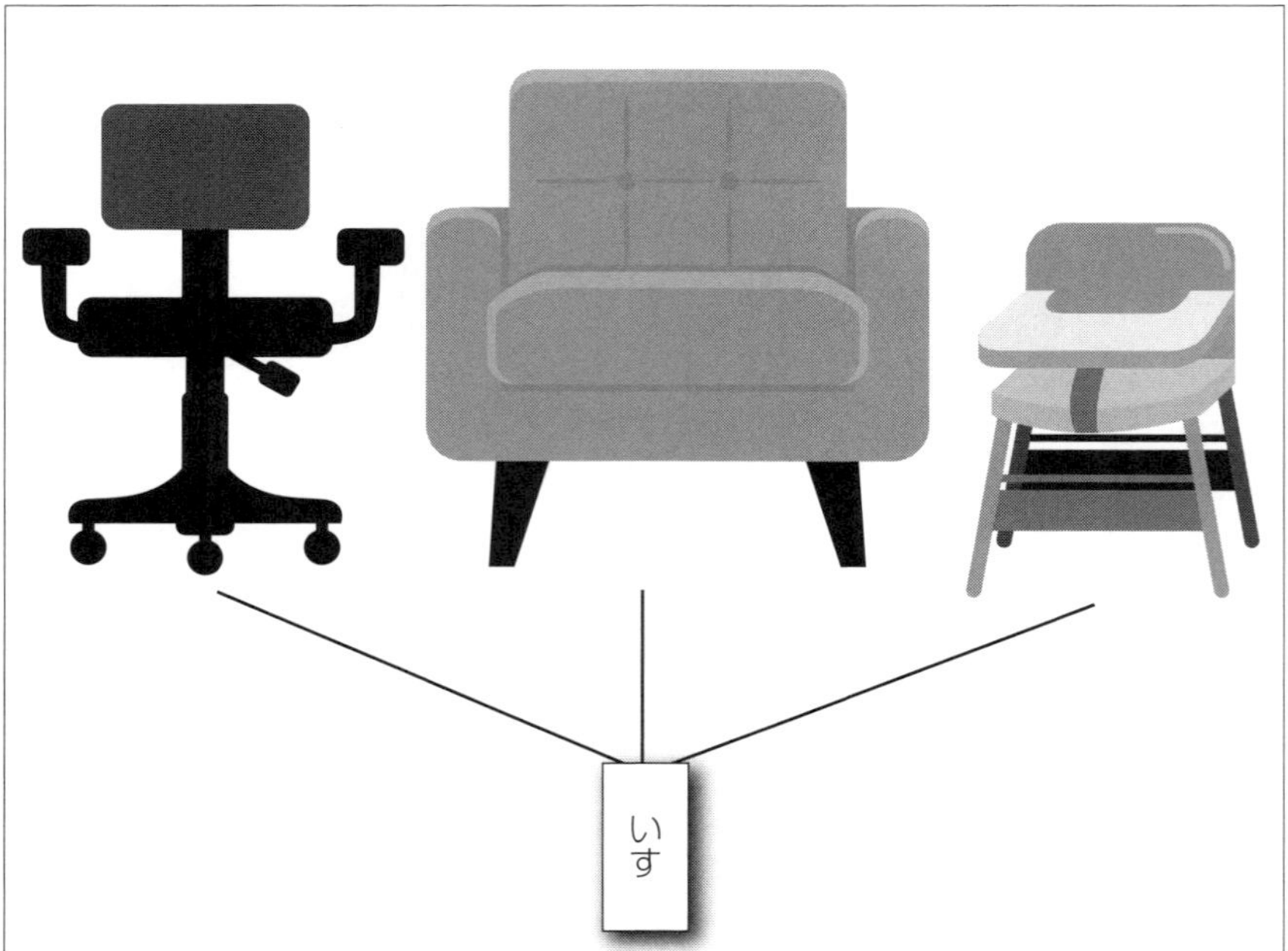

図10－1　「いす」

第10章注

（1）　Hayakawa,S.I.(1949) Language in thought and action.（大久保忠利訳『思考と行動における言語』岩波書店、１９８５年）

（2）　内藤隆「現代高校生の性意識と性経験」『現代性教育研究』２、１９７２年、64～70頁

第11章

一般意味論とカウンセリング

一般意味論は、実用的意味論とも呼ばれているように、心理的問題の診断や治療を内容とする臨床心理学やカウンセリング心理学とは縁が深い。とくに、臨床心理学やカウンセリング心理学の中心的な活動であるカウンセリングは、そのほとんどがことばを媒介としているため、一般意味論の俎上《そじょう》にのりやすいのである。ここでは、一般意味論の立場から、カウンセリングにおける問題を考察する。

第1節　ことば遣いと質問の仕方

（1）ことば遣い

ことば遣いとしては、わかりやすいことばを遣うことが第一の条件である。その意味で、術語や外国語の使用は望ましいことではない。これらのことばは、単に伝達が不調で終わるばかりか、不必要な光背効果の起こることが考えられるのである。

ちなみに、光背効果とは、一つ二つの特徴から成立した印象が背景となって、その他の特徴についても、同じように評価してしまう傾向で、たとえば、人物評価にあたって、その人の容姿に好感をもつと、能力や性格までも高く評価してしまうようなことを指している。

術語や外国語の使用によって、伝達がうまく進まないということは、単にことばだけの問題で終わらないのである。

次に、とくに一般意味論の立場から取りあげざるをえないのは、ことばの感化的内包の問題である。プラスにしてもマイナスにしても、感化的内包が強いことばは避けたほうがよいと考えられるのだ。

例をあげてみよう。

「頭のよい子」
「素直な子」
「明るい子」

これらは、いずれも、当該の子どもについて、感化的内包がプラスの方向で高いことばによる修飾がおこなわれていて、前述の光背効果が起こりやすいことばの状況になっている。

こうしたことばを不用意に遣うことのないように注意する必要が認められる。

(2) 質問の仕方

適切な質問は望ましい情報を得ることができるため、質問の仕方については、当然、考えなければならない。

一般意味論の立場からみて、ポイントの一つは、具体的な姿を明らかにすることである。

カウンセリングの場面でことばを通して提出される状況は、ほとんどの場合、色や形の変化のように目に見えるわけではない。そのため、クライエント(来談者)の発言にまかせておくと、クライエントの立場からの状況が展開されることになり、カウンセラーとしては、具体像の把握が難しいという事態も起きる。

したがって、一般意味論で指摘する抽象の段階をできるだけ下りて、具体的な姿を明らかにすることができる質問が望ましい。

例をあげてみよう。幼児についての相談での母親に対する質問である。

① 「お子さんがしゃべるようになったのはいつですか。」

② 「マンマということばが出てきたのはいつですか。」

③ 「マンマというようなことばが出てきたのは、はじめてのお誕生日の前ですか後ですか。」

これら①②③の中では、③が具体的な姿を考えやすいと認められ、その意味で実像に接近しやすく、望ましい質問といえる。また、次の結果も、質問の仕方について考慮させる問題を示している。

提示した実際の絵には、ポストはないのに、「ポストはありましたか」と質問したところ、「ない」が50パーセントで、「あった」が42パーセント、残りの8パーセントは「わからない」か無答であった。

ところが、「ポストはどこにありましたか」という質問では、「ない」が6パーセントで、「あった」が50パーセント、残りの44%は「わからない」か「無答」という結果[1]は示唆に富んでいる。

後者は、〝もっとも暗示にかかりやすい問い方〟とのことであるが、はじめから場所を問題にすることによって、実在することが前提になってしまい、在否への注意をそらしてしまうため、誤答が出やすいと考えられるのである。抽象の段階が高いところでおこなわれるやりとりであるだけに、ことばにしばられるといえる。

ことばの解釈

(1) 感化的内包への注意

まず、次の例文をみてほしい。

① あの人は、子どものしつけに、よく口を出す。

② あの人は、子どものしつけに、深い関心をもっている。

右の①②は、同じ事実を指している。一般意味論の図式にのせると、外在的意味は同じである。しかし、抽象の段階があがって、ことばの段階の問題になると、それぞれを発言した人の立場や見方が入ってきて、同じ事実に対しても異なる発言になっている。

①では、発言者は、「あの人」または「あの人のしつけ方」にマイナスの方向の評価をしており、②では、逆にプラスの方向の評価をしている。

「よく口を出す」は、マイナスの感化的内包を、「深い関心をもっている」は、プラスの感化的内包をもっていると考えられるからである。

したがって、ことばの解釈にあたっては、常にことばの内在的意味に注意して、ことばの奥にある事実への洞察を欠くことのないように留意する必要がある。

(2) 抽象の段階への注意

ことばの解釈に、とくに関係するのであるが、カウンセリングの場でくだされる〝診断〟なるものについての一般意味論の立場からの考察があるので取りあげる。

カウンセラーとクライエントがいろいろと話した結果、ある〝診断〟がくだされた場合、その〝診断〟なるものは、次のような段階を経たものだというのである(Weitz, H.)。[2] カウンセリングの場におけることばについては、こうした段階を経てきたもので、そのことへの洞察を欠くと判断を誤ると考えるのだ。

以下に、クライエントが関係した出来事から、カウンセラーによる、その出来事についての判断および〝診断〟までを取りあげる。かっこの中は例である。

① クライエントが一つの出来事に関係する(子どもが朝、腹痛を訴えて登校しないことが3回起きる)。

② クライエントは、その出来事の全要因の中から、いくつかを選んで知覚し反応する(子どもの状況すべてに反応できるわけではなく、いくつかを選択するという意味である)。

③ クライエントは、自分がした反応の中から、いくつかを選んで述べる(意図的か無意図的かは別として、カウンセラーに対するクライエントのことばは、この段階で、すでに選択されたものである)。

④ カウンセラーは、クライエントの話を聞き、その話の中へ自分自身の行動のいくつかを〝象徴的に〟投射する(クライエントの話をカウンセラーが理解するにあたって、カウンセラー自身の経験が入ってくることを

意味している)。

⑤　カウンセラーは、自分の投射を含む、このすべての叙述の中から、いくつかの要因を選び、それを知覚し、類推しながら反応する(ここでの反応も、いくつかの選択の結果である)。

⑥　カウンセラーは、これらすべての類推の中から、いくつかを選んで述べる。このカウンセラーによる叙述が、カウンセラーの〝診断〟である(ここでも、また、いくつかの選択がおこなわれる)。

つまり、出来事と〝診断〟との間には、いくつかの段階を指摘できるのであり、出来事と〝診断〟とは抽象の段階が違う。ところがこの異なる段階にある二つを、あたかも同じ段階にあるものとして受け取ってしまうところに、誤りが生じると考えるのである。

第3節　意味論療法の考え方

(1) 基本的手続き

ペムバートン(Pemberton, W.H.)が、「意味論療法(semantic therapy)の一つの目的は、出来事とそれらについての思考との間を分けるのを助けることである」[3]と指摘しているとおり、意味論療法では、クライエントの思考を検討して、それについての抽象の段階を明確にすることが重要な活動になる。

「この子はわがままだ」

「この子が学校へ行きたがらないのは、担任の先生が厳しすぎるのだ」

——右のクライエントの認識およびことばは、いくつかの段階を通って出てきた結果である。したがって、そこには、そのような結論を出すには、資料が不足していたり、類推が入っていたり、感想が入っていたりする。しかも、「だ（である）」で結んでいるため、そのレッテルをきわだたせてしまっているという問題ももっている。

そこで、カウンセラーとしては、クライエントに通ってきた段階を検討させ、実際の出来事とそれについての叙述とを区別させ、改めて事実について検討させることを担うのである。

ペムバートンは、右で述べたカウンセラーの活動の骨子を図11－1のように示している。

この図で、Aの段階は、ことばにする前のさまざまな経験、知覚、観察で、Bの段階は、ことばの段階である。そこに番号がついているのは、「叙述1」の上位に、その叙述をもとにした「叙述2」がくることを意味している。たとえば、「叙述1」が記述の段階であるとすると、「叙述2」は「叙述1」のまとめの段階であったり、推論や感想が加わった段階であったりするのである。

さらに、矢印がもとにもどっているのは、A段階に目を向けさせることを意味している。B段階で述べられていることの、もとの段階に目を向けることにより事実を把握するのである。

「この子は、うそつきになりました」と、母親が面接の場面で述べた例を取りあげる。

右のように母親が結論した理由は、ある朝その子が腹痛ということで学校に行かなかったため、病院に連れていったところ問題はなかった。さらに次の日も、またその次の日も、頭痛や腹痛で学校に行かなかった。しかも、いずれの場合も、登校の時間が過ぎたあとは、平常の状態になった、といった事態が起きたためである。

したがって、母親はカウンセラーに右のように述べたのであるが、「うそつき」というような抽象の段階が高くて短いことばでは、表しきれない面があることに気づかせ、「この子」についての再検討をさせることになれば、成功といえる。それまでのクライエントがもっていた「この子」についての認知像を変えさせ、さらに「この子」への態度も変えさせていこうとするところに、その意図があるからである。

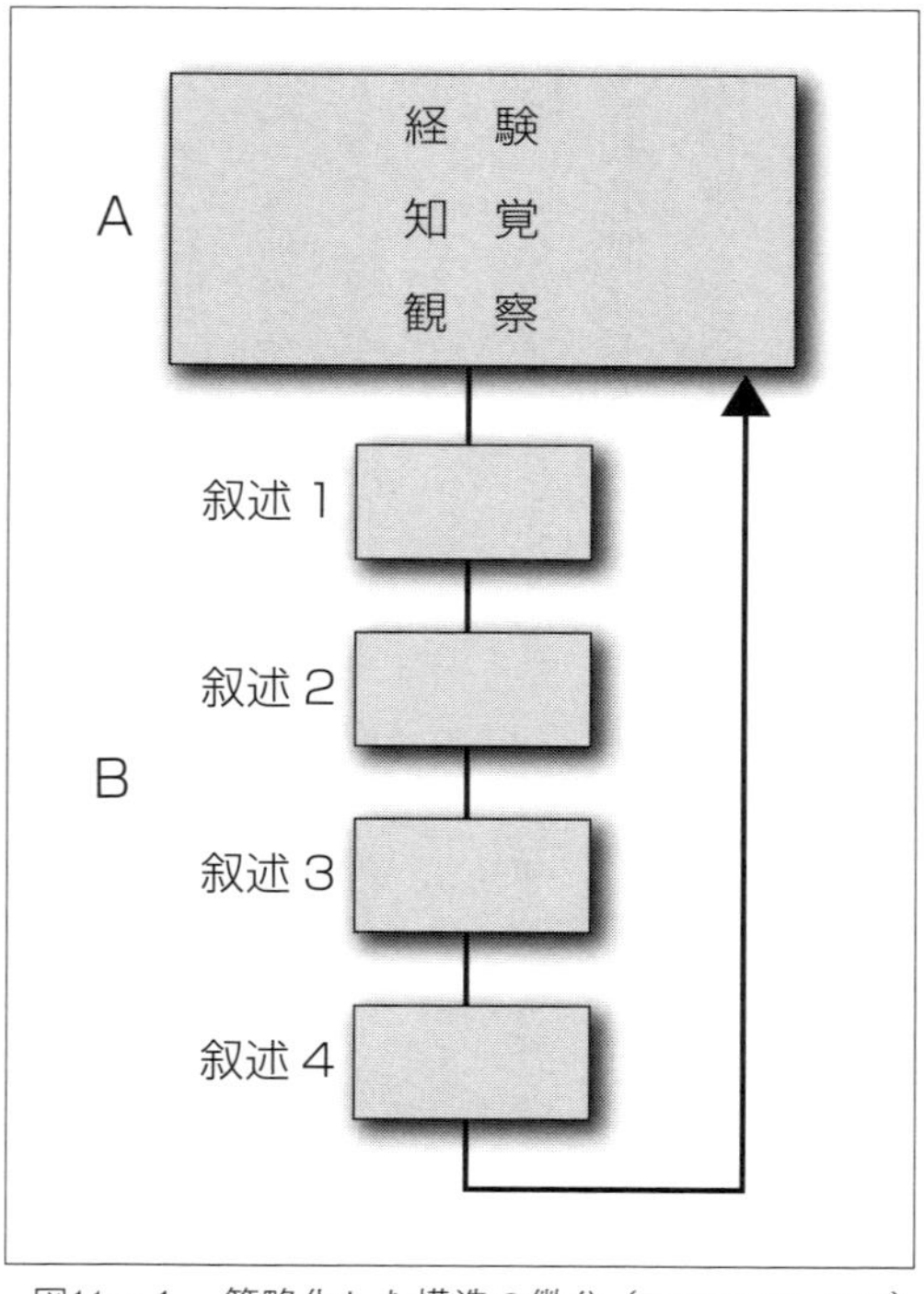

図11－1　簡略化した構造の微分（Pemberton, 1959）

（2）非指示的方法

ロジャーズ（Rogers, C.R.）によって提唱された非指示的な心理療法は、その後大きな足跡を残しているが、この考え方を一般意味論と結びつけて提出しているのがペムバートン（Pemberton, W.H.）である。

次にその骨子を取りあげる。[4]

この方法の直接の目的は、クライエントの叙述の中にあるゆがみ（distortion）を、カウンセラーの鏡映反応

(mirrored distortion) によって非指示的に直すことである。

クライエントのゆがみは、次のように分類される。

① 人（誰が）、対象または状態（何を）、場所（どこで）、時（いつ）に関して、明確さを欠くためのゆがみ。

② 次のようなありふれた仮定について、疑うことを欠いているためのゆがみ。

a 普遍性（universality）――われわれはまったく同じように知覚し評価すると仮定すること。

b 完全性（allness）――どんな知覚も、また評価も必ず完全であると仮定すること。

c 不変性（sameness）――われわれが知覚または評価するものは変化しないだろうと仮定すること。

d 二分法（dichotomy）――知覚または評価する場合、とられるべき道が相互に排他的な二つのみであると仮定すること。

③ 評価者が、反応として、人・対象・場面から抽象された価値についての特徴を指示することの失敗、すなわち、レファレントの誤った配置によるゆがみ。

一方、カウンセラーの鏡映反応は、次の三つに分けられる。

① クライエントの主張を弱める（diminish）もの（ＤＩＭと略す）。これは一般に修正したことばを入れる。

② その主張に関して中立的（neutral）なもの（ＮＥＵと略す）。

③ その主張を強調する（accentuate）もの（ＡＣＣと略す）。これはクライエントの主張の中にある誇張を指

摘する。

非指示的な方法であるため、カウンセラーは指示をしない。クライエントの感受性の程度や防衛の性質をみて、3種の鏡映反応のどれかを使うのである。

とくに敏感な自己感情（self-feeling）をもっている者に対しては、中立的なタイプを使うことが望ましく、自己受容（self-acceptance）や自己信頼（self-confidence）の増加とともに、ほかのタイプを用いる。

具体例を示す。

①人（誰が）について明確さを欠くためのゆがみを直す場合

クライエント：「みんながこう感じる」

カウンセラー（DIM）：「**ときにより**、これは**ほとんど**すべての人にとって**共通**であると、あなたは感じる。」

カウンセラー（NEU）：「**あなたのみるところでは**、この感情はみんなの中にある。」

カウンセラー（ACC）：「あなたは、**唯の一人も**そのことから違っては感じない、と思う。」

つまり、「みんな」というような漠然としたことば遣いにみられる認識のゆがみに気づかせるのである。この種のことばには、「何もかも」「どこでも」「いつも」などがある。

②ありふれた仮定（普遍性）について疑うことを欠いているためのゆがみを直す場合

この仮定をもっている人は、他人の見方が自分と違っていると非常に驚き、それを自分のほうへ感化するか、またはそれから自分を守ろうとする。

クライエント：「何とまあ、どうして彼女はそんなものが好きなんだろう」

カウンセラー（DIM）：「**あなたの立場や価値観からは、**彼女の好みを正しく判断することは難しいとあなたは認める。」

カウンセラー（NEU）：「**あなたにとって、**彼女の好みはそうとう理解困難である。」

カウンセラー（ACC）：「あなたにとっては、あなたの好みから非常にはずれているものを好むことは、誰にとっても、**ほとんど不可能**のように思える」または、「あなたは、**ときどき、**誰でも、あなたが好むのと同じものを好むにちがいないと**感じる。**」

つまり、普遍性の仮定が成り立たないことに気づかせるのである。かくして、クライエントは、以下のような進歩を示すという。

① カウンセラーの鏡映反応に異なるタイプがあることを認める。
② 躊躇を示す修正されたことばが表れる。
③ 鏡映反応の中の見方やことばが、クライエント自身のものになる。

非指示的に、認知の仕方が変えられるのである。

（3）意味論的遊戯療法

これは、一般意味論の考え方を背景にしておこなった遊戯療法であるが、巧妙に一般意味論の考え方が生かされているので、手続きに重点をおいて紹介する（Russo, S. and Jaques, H. W.）[5]。

この遊戯療法の対象になった児童は、11歳の男の子で、問題は徹底した二分法的な見方をすることと、自分の見方に固執することにあると思われた。そこで、以下のように、1週間に一度の割合で7週間にわたって遊戯療法が実施された。

1回目――ここでは、具体的なもの（object-sorting test）を中心に、その分類をセラピストと児童がおこなった。たとえば、それらのものの中から何でも中心になるものを児童に選ばせ、ついで、それに関係のあるものを選ばせるのである。そして、なぜ、それが選び出されたかを検討し、次にセラピストの選ぶものに関係したものを選ばせる。さらに、次には、児童の出すものに関係のあるものをセラピストが選び出す。このようにして、最後にはすべてのものを一緒にしておいて、いくつかのグループに分類できるようになった。

2回目――ここでは玩具を三つの大きな木箱に分けることをした。各箱にラベルをつけることができるように、玩具を三つに分類するのである。児童は、はじめ、金属とゴムと木製のものに分けたがうまくいかず、次には、陸を走るものと空中を飛ぶものと水上を行くものに分けた。このようにして、いろいろな折衷案を経て、実際的と思われる三つの大きなカテゴリーに到達した。

3回目――ここでは、前回の三つの箱を使い、ごちゃごちゃにした内容物を前回と同様の分類で入れた。そして、ほかの遊戯室へ行ってすべての玩具を分類した。

4回目――より進んだ分類の勉強ということで、雑誌からとった動物の絵をつけたカードの分類がおこなわれた。児童は、まず毛皮のあるものと、そうでないものの二つに分類し、前者の中へ大部分の鳥と昆虫と四足獣を入れた。セラピストが、毛皮のあるものの中へ鳥を入れたことについての適否を指摘したところ、児童は、顕微鏡で見れば鳥も毛皮をもっていると主張した。しかしそのあと、児童は右の分類を撤回し、食用に適したものとそうでないものに分けたり、鳥とそれ以外とに分けたりしている。なお、このときはじめて、このガイダンスセンターへ来たくないと、児童がいった。

5回目――前回と同じカードが用いられ、児童はそれらを四つに分類したのであるが、ここでは早くにガイダンスセンターへ来たくないといいだした。セラピストが、どこでも望むところへ連れていくと応じると、友達と一緒にいたいという。そこで、セラピストは、友人と友人でない人の分類を始めた。児童は、すべての人が友人か友人でないかのどちらかだと主張した。セラピストが、セラピストは友人なのか友人でないのかとたずねると、前者に対しては知らないと答え、後者に対しては、それを否定した。

6回目――ここでは、終始、セラピストと児童との間に問答がおこなわれた。セラピストは、児童が反抗するときの方法を取りあげ、それがうまくいかないとき、なぜ、それにこだわるのかとたずねている。さらに、児童が自分の思うとおりにしたいというと、セラピストは、児童の弟や両親の場合を取りあげて、その人たちが自分の思うとおりにはしていないということをわからせようとした。そして、児童がしたいと思うことを両親がさせないのは、両親が児童を愛しているからだということを示唆した。

7回目——ここでは「怒れる少年」という映画を見せて、それによって話をすすめている。映画の中で、セラピストが少年に人とその人の行為との関係を述べて、たとえば、好きな人をときに傷つけたりすることがあるように、怒りや敵意がすべての人に同じ意味をもっているわけではないということを教える。児童も、映画の中の少年と同じように、それを理解した。そして、最後は児童の意向をいれて、この回で打ち切られた。なお、結果はよかった。

ここまでみたように、単なる遊戯療法ではなく、具体的なもの（object-sorting test）→玩具→カード（絵）→友人（人間関係）→思考のように、順次扱う材料を抽象的にして分類をおこなわせている。具体的なものの分類を通して、自分の分類の仕方に固執するとうまくいかないことを目でわからせ、それを変えさせることによって、自分の考え方にこだわらないようにすることの重要さを教えているのである。

児童のもっている問題点が、徹底した二分法的な見方と自分の見方に固執することであるだけに、これは有効といえる。具体物から離れて抽象的な方向に、順次、もっていく手続きは鮮やかで、〝意味論的〟といわれるゆえんがここにある。児童は二値的から多値的になったのである。

第4節 一般意味論を基礎とした心理療法の評価

以上のようにいくつかの形が考えられるにしても、一般意味論の考え方を身につけさせることによって治療しようというのが、一般意味論を基礎とした心理療法であるが、これはどのように評価することができるだろうか。かつて、キャムベル（Campbell D. G.）は、「一般意味論は、明確にそれ自体では心理療法ではない。それは、補助的、付加的な方法である。…（略）…一般意味論の原理は、一つの体系として用いるよりも、ケースの進行に従って断片的に用いられるのがもっともよい」[6]（Russo, S. and Jaques, H. W.）と指摘したが、その後の経緯をみると、現時点でも、ほぼ同様の指摘ができるようだ。

一般意味論の考え方は、意味論療法として独立させるのは難しい。しかし、カウンセリングや心理療法をおこなうにあたっての基礎的能力として身につけさせると有効というわけである。

第11章注

（1）堀川直義『面接の心理と技術』法政大学出版局、１９５３年

（2）Weitz, H. Semantics in diagnosis. 1954 J. Couns. Psychol., Vol.1. No.2. 70-73

（3）Pemberton, W. H. A semantic approach to counseling. 1959 In Our Language and our world. Harper & Brothers.

（4） Pemberton, W. H. 1959 Nondirective reorientation in counseling. ETC. Vol. XVI, No.4. 407-416

（5） Russo, S. and Jaques, H. W. Semantic play therapy. 1959 In Our Language and our world. Harper & Brothers.

（6） 前掲書（5）と同じ

Column 7

読書療法

心理療法やカウンセリングでは、どのような位置づけにせよ、ことばが関係せざるを得ないが、ここで取りあげる読書療法は、「ことばを読む」という活動の中に心理治療的な機構を見いだすものである。その成立条件が読書指導とかなり重なるため、学校教育の中で比較的おこないやすい心理療法として推奨できる。

図c7−1に見るように、読書指導も読書療法も、形の上では同じ成立条件をもっている。したがって、読書療法は読書指導から移行しやすいわけで、読み手が心理的問題をもっていて治療を必要とする状態の場合には、指導者が治療者にならなければならないにしても、選択する読書材料の効果で、読書療法が可能になる。

では、読書療法にはどのような機構が想定されているのであろうか。

ごく一般的な経験でも、小説の主人公の行動や考え方に共鳴することで、自分の気持ちを満足させる場合があるように、読書にともなう、こうした心理的な活動は、心理的問題の治療を可能にすると考えられ、以下のような機構があげられている。

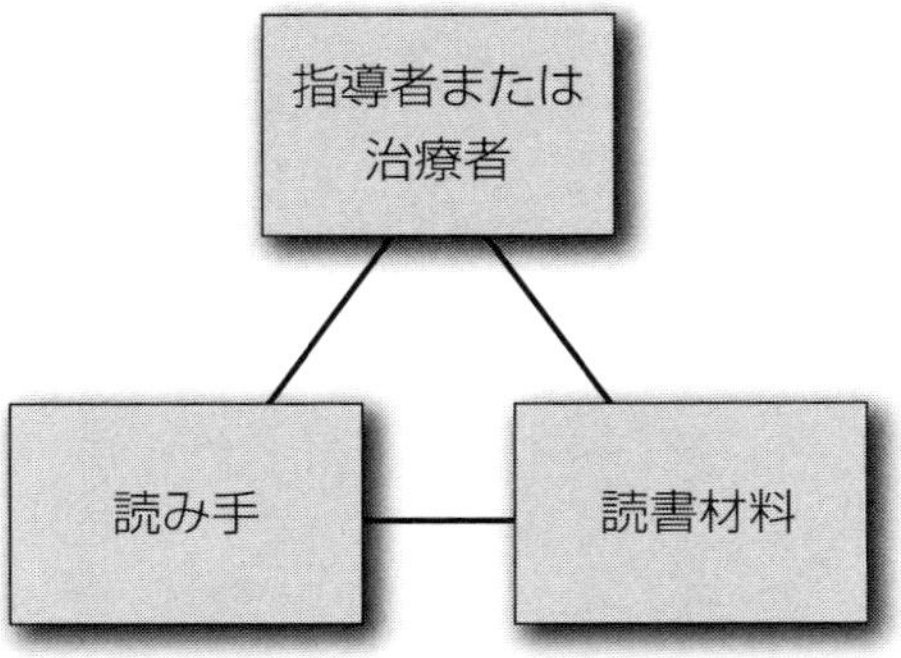

図c7−1　読書指導と読書療法の成立条件

同一化――読書過程の中で起こる同一化とは、読み手が、読書材料中の登場人物の性格や行動や考え方に、自分を重ねることを指している。読み手は、このことによって自分の欲求不満を解消しようとするのである。

カタルシス（浄化）――読書材料がもたらすさまざまなイメージなどにより、読み手が不平や不満を発散させていくことで、同一化の別の面になることもある。

洞察――読書材料中の登場人物や出来事などについて、深く理解することであるが、これは、ときに、読み手のもつ問題の解決に一つの役割を果たすという効果がある。

なお、筆者は、読書療法の基本的性格は自己治療にあると考えるため、読書後の感想文や話し合い、つまり言語化することの治療的意味が大きいことを指摘し、これを機構の一つとして加えておく。

次に、治療の手続きを取りあげる。

重要な問題は、読書材料の選択であるが、以下は一例である。

① 被治療者の生育歴などの資料を検討する。

② 場合によっては、心理検査なども使って診断をおこない、問題を明確にする。

③ 治療方法を検討して読書療法が望ましいとなったときには、読書材料を検討して、目的にあった読書材料を選択する。この読書材料の選択にあたっては、その文学的価値よりも治療的価値を重視する必要がある。

④ 治療の中心的な部分は被治療者の読書であるが、そのための動機づけをするとともに読書環境を整えることも必要な条件である。また、読書後の感想文を求めたり、話し合いをもったりすることも大事な点といえる。

⑤ 効果の確認にあたって総合的に判断する必要があることは、いうまでもない。

次に、読書材料に触れておく。

読書材料の選択は、読書療法の可否の鍵を握っている。それだけに、常に検討が必要であるが、読書療法のための適書目録としてまとめられたものは一種のみである。参考までに、その「読書療法用適書目録」[1]から、いくつかの書名をあげておこう。

全体は、個人的適応、家庭的適応、社会的適応、劣等感の克服、偉人の生涯に、大きく分類されている。たとえば、個人的適応――「くもの糸」芥川龍之介、「車輪の下」ヘッセ、家庭的適応――「赤毛のアン」モンゴメリー、「次郎物語」下村湖人、社会的適応――「風の又三郎」宮沢賢治、「十五少年漂流記」ヴェルヌ、劣等感の克服――「あしながおじさん」ウェブスター、「貧乏な少年の話」新美南吉、偉人の生涯――「キューリー夫人」「ベートーベン」などである。

また、幼児にも読書療法が可能ということで、「一寸法師」や「桃太郎」などがあげられている。[2]

注

(1) 阪本一郎・室伏武編著『読書療法』明治図書、1966年

(2) 國分久子「読書療法」國分康孝編『カウンセリング辞典』誠信書房、1990年、416頁

第12章

一般意味論の考え方・定義・評価

第1節 一般意味論の考え方

(1) 名　称

ポーランドの数学者であり論理学者であって、一般意味論の創始者であるコージブスキー（Korzybski, A.）の著書『科学と正気（Science and sanity）』の副題「非アリストテレス的体系と一般意味論への入門（An introduction to non-Aristotelian systems and general semantics）」で、最初に用いられた。意味論に〝一般〟がつけられているのは、いわゆる意味論が言語や論理の中で扱われているのに対し、広く人間の言語行動全般を対象としているところからきている。[1]

⑵ 原 理

コージブスキーは、一般意味論の原理として、次の三つをあげている。

① 非同一（non-identity）の原理（地図は現地ではない）

ことばは、それが指示するものそのものではないということである。

② 非総称（non-allness）の原理（地図は現地のすべてを表すものではない）

ことばをどんなにたくさん重ねても、述べようとすることがらのすべてを表すことはできないということである。

③ 自己反射（self reflexiveness）の原理（地図は、それ自身の地図を含む）

地図についての地図をつくることができるという意味で、ことばでもってことばについて語ることができるということである。

これらの中で中心になるのは「非同一の原理」で、その考え方が、一般意味論の考え方を端的に示している。地図はどんなに精密であっても、現地そのものではないのと同様に、ことばもことばで表そうとしている事柄そのものではないため、すべてを表すことはできないというのである。

第2節

一般意味論の定義

ワンダラー（Wanderer, R.）による『一般意味論とは何か―定義集―』[2]により、その中から比較的短いものを取りあげる。

アルフレッド・コージブスキー：一般意味論は、ふつうの意味での「哲学」や「心理学」や「論理学」ではない。それは、われわれの神経系のもっとも有効な使い方を説明し訓練する新しい外在的な学問である。

スティーブン・ガスキン：一般意味論は、あいまいさに耐えることを学ぶ方法である。

ウィリアム・ペムバートン：一般意味論は、人間評価の研究である。われわれは情報を操る生物として人間を研究しており、また情報の性質、とくに情報を操るために使う記号の体系を研究する。

ウェンデル・ジョンソン：一般意味論は、記号をつくったり使ったりする独特な人間の機能に関係した研究分野であり、学識であり、実際的方法論である。

S・I・ハヤカワ：一般意味論は、言語、思考、行動、つまりわれわれがいかに話し、それゆえいかに考え、またそれゆえいかに行動するか、の関係の研究である。

スチュアート・チェイス：一般意味論は、音よりも意味で始まる言語の分析である。それは学生に、聞くための、妥当な判断をするための、実際的な決定をするための、ことばの幽霊の支配を免れるための、強力な能力を与えることができる。

ロバート・ワンダラー：一般意味論は、コミュニケーションはよいことであると仮定する。それゆえ、得る情報が多くなればなるほど、情報は正確になるのであり、その情報をより効果的に処理すればするほど生活がよくなるのである。

スチュアート・ラリック：一般意味論は、情報をより正確に集め、より明確に評価し、より確実に判断し、そしてより有効にそれに対して行動するよう、人々を援助する。

J・サミュエル・ボワス：一般意味論は、ことばや記号やわれわれに対して起こるすべてのものへの反応を扱い、ことばとその意味を扱う意味論からは区別される。

このように、さまざまな定義が認められる。しかし、いずれにせよ、中核にあるのは、ことばを主体とする記号と人間の分析といえるだろう。しかも、分析し考察して、そこに原理的なことがらを求めるという研究的な姿勢のみでなく、日常生活の中で働く実際的な技術としての方向を濃厚にもっているようだ。

したがって、以下の指摘にも認められるのであるが、一般意味論を意味論の一つとして扱うことには問題が残されている。

すなわち、ギロー（Guiraud, P.）[3]は、一般意味論では意味論の概念がかなり拡張して考えられているとしており、ウルマン（Ullmann, S.）[4]は、哲学的意味論と一般意味論を取りあげて「……両者の間にも、そのいずれかと意味の言語学的研究との間にも、ほとんど関連はないのである」と述べている。もっともギローによれば、一般意味論と哲学的意味論は手を握り合っているのであるが。

また、シャフ（Schaff, A.）[5]は、「……論理学と認識論と結びついている意味論と、その最も急進的な代表者たちの解釈においては精神療法的技術である一般意味論とを、同一なものとみなすことはできない」と指摘している。

わが国では、一般意味論は「言語社会心理学の一領域」[6]との規定がある。

第3節 一般意味論の評価

(1) 積極的な評価

ここでは、できるだけ積極的な評価を取りあげる。

ホワットモー（Whatmough, J.）[7]は、手厳しい批判のなかで、ことばの誤用に対する警告がプラスの面としている。

ブラック(Black, M.)[8]は、全体としては、はげしい論調であるが、やはりことばが抽象的な存在であって、その使用にあたっては批判的であれという点をあげている。

これらは批判的な立場からの発言であるが、これらに比べると、一般意味論は記号の心理・社会・論理学であると規定するギローは、より積極的で、教育やコミュニケーション障害の治療の原理を打ち出すことを目ざしているのだとし、「言語活動の論理」を問題としているとするのである。

また、キャロル(Carroll, J.b.)[9]は、「一般意味論は、その公言した目的の大きさにもかかわらず、知的世界の特別な地域に主としてアピールしているように思われる」と述べ、言語教師や言語病理学者や読書治療の専門家にもっとも温かく迎えられているとしている。

こうした教育への貢献という点を、さらに具体的に示しているのはゴーマン(Gorman, M.)[10]で、とくにその点での評価が認められる。

また、ヘルマン(Hörman, H.)[11]は、その大著『言語心理学』の中で「言語と世界観(文化)」という観点から、ヨーロッパの心理学書としてはめずらしく一般意味論に解説を加えている。一般意味論の主要な原理として、言語と事実との関係は、地図と現地との関係だという非同一性の原理をあげており、外在的な方向づけのための教育が、一般意味論の目的にあるとしているのである。

要するに、ことばが事実とは異なる段階にあったり、ことばの中には抽象の段階があったりすることに気づかず、それらを混同してしまって思考の混乱を招いてしまうところに問題を認めたことは、積極的に評価できるようだ。したがって、具体的には、教育、臨床心理学的な場において望ましい思考を育てる手段の一つとして使うことが可能になるのである。

(2) わが国での評価

わが国での翻訳書の出版状況や解説の表れ具合を一つの指標として、わが国の評価を考察する。

わが国の一般意味論は、Hayakawa, S. I. Language in thought and action. の訳書『思考と行動における言語』(大久保忠利訳、岩波書店、1951年)によって始まったといえる。この翻訳の果した役割の大きいことは、わが国の一般意味論の発展の上で特筆に値すると考えられる。類書のなかったことが一つの大きな原因ではあるにしても、こうした見方の新鮮さが読者を獲得したといえるだろう。この本そのもののもつおもしろさが、大きな力となっていることは否定できないようだ。

なお、このあとのまとまったものの翻訳としては、Lee, I. J. Language habits in human affairs. の訳書『生活と言語』(池上保太・片山嘉雄訳、研究社、1956年)、Rapoport, A. Science and the goals of man. の訳書『一般意味論─人間の目標と科学─』(真田淑子訳、誠信書房、1965年)、Hayakawa, S. I. Through the communication barrier : On speaking, listening, and understanding. の訳書『ことばと人間』(池上嘉彦・池上恵子訳、紀伊國屋書店、1980年)がある。

日本人の手になる独立した著書としては、横山親平『コトバは凡てではない─言葉と表現とイメージ─』(中央経済社、1961年)、日本放送協会編『言葉の魔術』(講談社、1955年)、関計夫『適応と意味論』(金子書房、1965年)、井上尚美・福沢周亮・平栗隆之『一般意味論─言語と適応の理論─』(河野心理教育研究所出版部、1974年)、井上尚美・福沢周亮『国語教育・カウンセリングと一般意味論』(明治図書、1996年)がある。

これらのほか、著書の中の一章による解説、一般意味論を基礎とした言語現象の説明、一般意味論と臨床心理学やカウンセリングとの関係の解説など、10点を超える論考が認められる。

しかしながら、総じて、実用的な面が前に出てしまっているのは学問的性格のためであろう。とにかく、身近な問題に適用してみようという努力は認められるものの、一部を除いて、学問的な検討はあまり認められない。もっとも、一般意味論に正面から取り組んでいる人がほとんどいないという点を取りあげれば、わが国の評価は非常に冷たいといえるかもしれない。が、これは、一般意味論が独立した学問として大学に講座をもっていないことや、一つの学問領域というよりも〝一般意味論運動〟の性格が強いことにも起因しているようだ。

結局、ことばの魔術を中心とした考え方にはかなりの興味や関心を示した、また、一般意味論の考え方を実際の問題に即して紹介したというのが、全体としての動きといえる。しかし、その中から一般意味論の適用領域が明らかになってきて、国語教育の領域で、また、臨床心理学やカウンセリングの領域で、その有効性が認められるようになったといえる。

(3) 総合的な評価

総合的な評価[12]は次のとおりで、まず、批判されるべき点を取りあげる。

① 論理的に不整合な部分があり、厳密な体系性がないという点。

② 唯名論的な発想にもとづく個物重視、抽象軽視の考えからして、特殊性の奥にある普遍性、ものごとの本質を見落としたり、ファシズムも空虚な抽象だとするような、ことばと現実のつながりの根本を見落と

している点。

③ その心理治療的価値を過大視している点。またそれは科学というよりも、創始者を教祖とする宗教的運動（宗派）の観があり、その結果、アカデミックな科学者や哲学者からは、うとんぜられている。

しかしながら、一般意味論には次のようなプラス面もあることは事実である。

① たしかに、ことばは本来「抽象」の産物であり、そこにこそ、ことばの長所もあるのだが、われわれはとかく、それが「現実」の抽象であるということを忘れてしまい、いわゆる「ことばの一人歩き」になってしまうことが多い。一般意味論は、そうしたverbalism（ことば主義）に対する警告またはブレーキとしての有用性をもつものである。われわれは日常の言語生活の上で、一般意味論が論じているような警告を「ただし書き」のようなつもりで、いつも意識していることが必要であろう。

② 一般意味論は、ことばの正しい使用法を目ざす理論であるから、それを教育や、カウンセリングなどの分野に適用することは有効であろう。

第12章注

（1） Korzybski, A. (1958) Science and sanity: 4th edition. The International Non-Aristotelian Library Publishing Company

(2) Wanderer, R. (1973) What's general semantics? A collection of defineitions. ETC., Vol.XXX, No.4, 427-439

(3) Guiraud, P. La sémanfique ピエール・ギロー、佐藤信夫訳『意味論 ―ことばの意味―』白水社、1968年

(4) Ullmann, S. (1959) The principles of semantics.（ウルマン、山口秀夫訳『意味論』紀伊國屋書店、1964年）

(5) Schaff, A. (1960) Introduction to semantics.（アダム・シャフ、平林康之訳『意味論序説』合同出版、1969年）

(6) 国語学会編『国語学辞典』東京堂、1962年

(7) Whatmough, J. (1959) Language.（ホワットモー、蛭沼寿雄・久野暲訳『言語 ―現代における綜合的考察―』岩波書店、1960年）

(8) マックス・ブラック、金関寿雄訳『言語と人間 ―その迷路を解く―』エンサイクロペディアブリタニカ日本支社、1968年

(9) Carroll, J. b. (1953) The study of language. Harvard Univ. press.

(10) Gorman, M. (1962) General semantics and contemporary Thomism. Univ. of nebraska Press.

(11) Hörman, H. (1971) Psycholinguistics. Springer Verlag.

(12) 井上尚美「一般意味論に対する総合的評価――その限界と効用――」井上尚美・福沢周亮『国語教育・カウンセリングと一般意味論』明治図書、1996年、179〜180頁

●た 行

●な 行

●は 行

●ま 行

●ら 行・わ

INDEX

●欧文・数字

●あ行

●か行

●さ行

∵ 著者紹介

福沢周亮（ふくざわ・しゅうすけ）……● 4章、5章、6章、7章、10章、11章、12章、コラム1、3、6、7

［現職］筑波大学名誉教授、聖徳大学名誉教授

［専攻］教育心理学、言語心理学

［経歴］東京教育大学教育学部心理学科卒業、同大学院教育学研究科博士課程満期退学。1973年「漢字の読字学習に関する教育心理学的研究」により教育学博士。埼玉大学助教授、東京教育大学助教授、筑波大学教授、放送大学客員教授、聖徳大学教授。

［著書］『幼児の言語』（単著、日本文化科学社、1970）、『一般意味論——言語と適応の理論』（共著、河野心理教育研究会出版部、1974）、『漢字の読字学習——その教育心理学的研究』（単著、學燈社、1976）、『言葉と教育』（単著、放送大学教育振興会、1991）、『国語教育・カウンセリングと一般意味論』（共著、明治図書、1996）、『絵本に関する実証的研究——「新・講談社の絵本」を中心として』（単著、野間教育研究所、2015）ほか。

藪中征代（やぶなか・まさよ）……● 1章、2章、3章、8章、9章、コラム2、4、5

［現職］聖徳大学大学院教職研究科教授

［専攻］教育心理学、言語心理学、保育心理学

［経歴］岡山大学教育学部卒業、聖徳大学児童学研究科博士後期課程修了。2003年「朗読聴取に関する教育心理学的研究」により博士（児童学）。

［著書］『朗読聴取に関する教育心理学的研究』（単著、風間書房、2008）、『保育内容・言葉——乳幼児のことばを育む』（編著、教育出版、2008）、『保育の心理学』（編著、教育出版、2012）、『わたしたちの社会貢献の学びと実践——学生と地域をつなぐ子育て支援』（編著、萌文書林、2015）、『保育者のための言語表現の技術——子どもとひらく児童文化財をもちいた保育実践』（共著、萌文書林、2016）ほか。

装幀・本文デザイン　aica
本文DTP　本薗直美
イラスト　鳥取秀子

ことばによる望ましい
コミュニケーションの方法
教師、保育者、カウンセラーにおくる一般意味論の招待状

2017年５月15日　初版第１刷発行

著　　者　福沢周亮
　　　　　藪中征代

発行者　服部直人
発行所　㈱萌文書林
〒113-0021　東京都文京区本駒込6-25-6
Tel. 03-3943-0576　Fax. 03-3943-0567
http://www.houbun.com
info@houbun.com
印刷・製本　モリモト印刷株式会社　〈検印省略〉

ISBN 978-4-89347-253-3　C3037

日本音楽著作権協会（出）許諾第1704377-701号